智慧养育：做更好的父母

吕鹏辉／著

ZHIHUI YANGYU
ZUO GENG HAO DE
FUMU

海峡出版发行集团 THE STRAITS PUBLISHING & DISTRIBUTING GROUP | 福建人民出版社 FUJIAN PEOPLE'S PUBLISHING HOUSE

图书在版编目（CIP）数据

智慧养育：做更好的父母 / 吕鹏辉著．--福州：福建人民出版社，2024.3

ISBN 978-7-211-09254-3

Ⅰ.①智… Ⅱ.①吕… Ⅲ.①家庭教育 Ⅳ.①G78

中国国家版本馆 CIP 数据核字（2023）第 251411 号

智慧养育：做更好的父母

ZHIHUI YANGYU：ZUO GENG HAO DE FUMU

作　　者： 吕鹏辉

责任编辑： 游丽梅　陈银洁

助理编辑： 邹　滢

责任校对： 李雪莹

出版发行： 福建人民出版社　　**电　　话：** 0591-87533169(发行部)

网　　址： http://www.fjpph.com　　**电子邮箱：** jcjfbjs@163.com

地　　址： 福州市东水路 76 号　　**邮政编码：** 350001

经　　销： 福建新华发行（集团）有限责任公司

印　　刷： 福州印团网印刷有限公司

地　　址： 福州市仓山区建新镇十字亭路 4 号

电　　话： 0591-87881810

开　　本： 700 毫米×1000 毫米　1/16

印　　张： 16

字　　数： 176 千字

版　　次： 2024 年 3 月第 1 版

印　　次： 2024 年 3 月第 1 次印刷

书　　号： ISBN 978-7-211-09254-3

定　　价： 58.00 元

本书如有印装质量问题，影响阅读，请直接向承印厂调换。

目录 Content

前　言

各位朋友，当你翻开这本书的时候，可能正面临孩子叛逆、厌学、网瘾、早恋等一系列问题。也许你正感到焦虑，不知所措，甚至备受煎熬，你会纠结为什么孩子会变成今天这个样子，那个曾经让你满心欢喜的孩子究竟哪里去了？你想要改变现状，你想做更好的父母，更重要的是，你想让孩子变得更好。

那么，我要恭喜你，因为你已经走在正确的道路上了！在生活中，我们不懂的东西有很多，即使是开车，也需要通过科目一、科目二、科目三、科目四，再经过一段时间的实操，才能真正掌握开车这项技能。我们去找任何工作，也需要具备一定的技能。但是，对于教养孩子这么一件复杂的事情，绝大多数父母，都没有进行相应的学习就上岗了，其结果我想你已经知道了。

很多家长说，我们的父辈不也就那么稀里糊涂把我们养大了，现在我们不也过得挺好？我想说两点：

第一，全球有几十亿人口，我们在这几十亿人口中是渺小而普通的存在，我们真的好吗？我们真的感受到幸福和快乐吗？至少在孩子这方面，我们已经感受到痛苦了。

第二，如果有更好的教育，也许我们会变得更好。然而，现代的环境和以前的环境是不一样的，你不可能继续用以前的方式去应对新的社会环境。

你需要学习，需要掌握教养孩子的科学方法，而这本书能教会你这项技能，帮助你解决孩子目前出现的问题，改善你的亲子关系，让你知道如何培养孩子，让孩子具备坚韧、有责任心、有自控力、懂得学习、善于与人相处等品质和能力。

作为父母，我们都希望孩子变得更好。那么，首先就需要在真正意义上了解孩子，我们需要知道孩子是怎么成长的；孩子是怎么学习的；到底是什么原因让我们的孩子变成现在这个样子；如果继续按照之前的做法，孩子会变成什么样。我们还需要知道，孩子健康成长真正需要的究竟是什么；我们需要给孩子提供什么。

回答这些问题，就需要学习第一章（认识篇）的内容。只有充分了解孩子的整体情况，掌握孩子出现各种错误行为的本质原因，我们才更有可能做出正确的教育行为，才更有可能从根本上纠正孩子的错误行为。

对于孩子的教育，光靠了解是远远不够的。父母需要直接跟孩子接触，直接面对孩子的实际问题，这也就意味着，我们需要用一些方法和工具去帮助孩子，去纠正孩子的错误行为。不过，在采取行动之前，首先需要父母转变自己过往错误的教育理念和态度。当然，任何行为的转变，都需要态度的支撑。孩子的感知能力是非常强的，他们可以轻松地从你的表情、眼神、语气，感知到你是不是真的不一样了。那些违心的行动只会让事情变得更糟。这也就是第二章（态度篇）的内容，它将会告诉你要做哪些方面的转变，解决孩子问题的核心策略是什么。家长需要重新思考，自己跟孩子的关系是否恰当，需要把关注点放在积极的方面，并且要用全新的思维方式去面对孩子，帮助孩子终身成长。

当你对孩子以及孩子的教育有了全新的认识，接下来要做的就是实际操作了。第三章（行动篇）将教你如何处理亲子冲突，用情感引导的方式赢得孩子的心，让孩子更愿意跟你合作；你将学习如何鼓励孩子，让孩子更有自信、更有勇气面对生活的困难和挫折；通过正确的管教，让孩子更有责任心，懂得要为自己的行为负责；孩子将会有学会独立思考的能力。他们更乐于跟父母待在一起，更愿意跟父母沟通与交流。只有你跟孩子的关系足够好，特别是当孩子认为可以跟你推心置腹时，你才有机会影响他们的行为。

当然，在这个过程中，事情不一定会那么顺利，家长很可能会因为控制不住自己的情绪，而做出很多错误的行动。为此，本书将教会你如何掌控情绪，并且教会你把很多积极的行为养成习惯，在此基础上，你可以通过特别时光、家庭会议等工具跟孩子更融洽地相处，用“教练”的方式引爆孩子的学习力和成长力。

各位父母，我们要始终相信，每一个孩子都有积极向上、一心向好的意愿，谁都希望自己变得更好、更优秀，谁都希望被别人欣赏，被别人认可。

你以为孩子愿意跟你作对吗？你以为孩子不想跟你好好相处吗？你以为孩子不想上重点学校吗？他们当然想！只是种种原因造成了他们内心挫败，他们只是失去了信心，不懂得应用正确的方法。此时此刻，他们比你想象中更需要你的帮助。

读完本书，你将有可能改变孩子的现状，让孩子具备各种优良品质，比如：

诚实、勇敢、自信、担当、热爱学习、热爱生活、好奇心强、创新力强、善于与人相处、同理心强、性格坚毅、自控力强、乐于助人。

我相信，这一切，一定值得你为此付出！

也许，此时的你，并不相信自己的孩子可以具备这么多优良品质，那是因为你并不懂养育孩子的方法。

托尔斯泰说："幸福的家庭都是相似的，不幸的家庭各有各的不幸。"这个道理在孩子成长过程中同样适用。只要你认真学习，认真实践，你一定可以解决孩子的问题，帮助孩子更好地成长。

第一章

CHAPTER ONE

重新认识孩子和教育（认识篇）

如果你发现教育孩子的过程很痛苦，那么你的方法一定是错的。我们每天都会收到很多家长的求助咨询，他们都非常焦虑，迫不及待地描述孩子身上的问题。大部分问题是：

我的孩子不爱学习，整天抱着手机，怎么办？

上课睡觉，还不写作业，老师家长天天说都听不进去，还经常顶嘴，怎么办？

孩子小学就有了早恋现象，我们发现后，孩子也改了，可是过了一段时间又出现了，老是反反复复，这要怎么引导？

孩子叛逆，不爱学习，老是装病不想去上学，这要怎么跟他沟通？

孩子做事拖拖拉拉，写作业特别慢，怎么办？

孩子性格古怪，特别爱发脾气，怎么办？

孩子高二了，马上就是高三毕业班了，可是现在特别厌学，怎么办？

孩子初二，很贪玩，啥道理都懂，就是没把心思放在学习上，怎么办？

孩子抽烟喝酒，还早恋，整天跟社会上一些不三不四的人混在一起，怎么办？

每一位来咨询的父母都急于找到一剂良药，让他们的孩子吃了就可以马上好。家长焦急的心态，我们很同情，但是又感到很无奈。为什么呢？

首先，父母一般描述的是孩子的一些表面现象，从这些表象很难判断其本质原因是什么。

其次，父母的描述极有可能带有主观性，并不一定是真实情况，他们的话语大多带有“自己的认为”。但是，很多时候，这种“自己的认为”是非常片面的。

举个例子：有的孩子因为在学校受到同学的欺负，但是又不敢跟老师和家长明说，表现出不想去学校、不想上学的想法，甚至开始逃学。这时候父母很容易给孩子贴上叛逆、厌学的标签。显然，这不是根本的原因。

再者，孩子的成长环境以及发育过程是极其复杂的，如果没有找到最本质的原因，很可能你所采用的教育技巧和方法都是无效的，甚至是有害的。

比如，有的孩子天生属于慢热型，在陌生的环境或者陌生人面前需要较长时间才能适应，但是如果父母据此认为孩子性格孤僻，很显然，这并不是真实情况。因此，父母需要对孩子以及孩子的个性、成长、学习、发育做一个全新的认识，只有这样，才能真正走进孩子的内心世界，进而采取有效的措施来帮助孩子成长。

很多父母自身的教育程度其实很高，有的在事业上非常成功，在社会上受人尊重，是很受欢迎的成功人士，可当提起孩子的时候，就感到无助与痛苦。他们对自己的孩子一脸无奈，没有一点办法。是因为他们不爱孩子吗？我想，肯定不是这个原因。

是因为他们没有文化吗？也不是。

其实，孩子出现这样那样的问题，很多是因为父母不懂孩子，不了解孩子成长的规律，对孩子的教育一知半解，于是按照自己的成长经历，或者社会的惯例来培养孩子，这显然是不够的。我们都爱孩子，可是，我们并不一定懂得如何正确去爱。

相信很多父母都知道，教育对人的一生有着巨大的影响。一个受到良好教育的孩子不仅自身生活幸福，家庭和睦，对社会、对国家乃至全人类都是一种财富。但是，一个没接受过教育，或者在错误的教养方式下长大的孩子，很可能一生都不快乐。他们甚至有可能对家庭，乃至社会带来灾难。这种痛苦是无法用金钱来弥补的。

大量的反面案例让人们不禁要问，这些孩子究竟怎么了？他们为什么会走极端？不少孩子出现叛逆、网瘾、早恋等问题，有的孩子成了犯罪分子，还有的孩子受不了压力而选择自杀。难道这些孩子天生就叛逆吗？肯定不是这样的。任何一个孩子，出生的时候就是一张白纸，他未来会变成什么样，跟后天的环境和教育有直接的关系。美国心理学家约翰·华生说过："给我一打健康的婴儿，……可以随便挑选其中一个婴儿，把他们训练成为我选定的任何一种专家——医生、律师、艺术家、商人，或者乞丐、窃贼。"

有的父母会问："我的孩子跟其他孩子一样，在学校接受同样的教育、同样的老师、同样的课程，为什么我的孩子这么叛逆呢？""为什么别人的孩子彬彬有礼、为人和善，能够主动学习，而我的孩子天天打游戏，叛逆厌学呢？"

如果你想知道本质的原因，并且找到解决的办法，那就必须重新认识一下孩子以及孩子的教育。

重新认识我们的孩子

孩子是一个精神胚胎

> 孩子是带着学习和成长的初始程序来到这个世界上的，他们天生就是一个精神胚胎。他们会非常主动地用各个感觉器官去认识这个世界，去理解这个世界，并且从外部环境，特别是父母的各种反馈来逐步形成自己的应对方式及独特的认知，并进一步形成智力、情感、心理和精神。

这段话是最核心的概念，只有你理解了这个概念，才会明白教育孩子的终极密码，也就是我们中国人说的“道”。简单来讲，孩子会主动学习，并且是自己学会的，并不是大人教会的。那他是怎么学会的呢？其实，孩子是从外部环境中的人或事的反馈中学会的。

关于这一点，我相信很多父母很难接受。父母们会觉得，明明是大人一步步教，孩子一步步学的，至少平时我们看到的就是这样。请注意！我们所谓的“眼见为实”，就一定是对的吗？如果是这样，地球围绕着太阳转这件事情该如何解释？毕竟，从我们的直观感受来看，明明是太阳绕着地球转，这个观点也被西方认可了数千年，直到伽利略、哥白尼等科学家的出现，才真正颠覆了这个观点。

既然“眼见为实”不可靠，那么对孩子而言，究竟什么观点是对的？实际上，早在100年前，蒙台梭利就从“儿童本位”的思路，指出了“孩子是一个精神胚胎”的观点。蒙台梭利的教育理念已经被当代教育家、心理学家所认可，蒙氏教育风靡全球，在国内也有一些蒙氏教育的幼儿园。

由此可见，在孩子的教育问题上，“孩子是一个精神胚胎”这个观点很重要，那么这个观点究竟是什么样的呢？

请你认真回忆一下，孩子刚出生的时候，他们会什么？他们会吃奶，会哭，会笑，会把手指放到嘴里。慢慢地，他们学会了翻身，学会把东西往嘴里塞，学会用手抓东西。再往后，他们学会了坐，学会了爬，然后慢慢学会了站立、行走……你不妨仔细回想，这些都是你教的吗？

我可以很负责任地告诉你：是他们自己学会的。

写这本书的时间，刚好是我的女儿从出生到9个月的过程，我亲眼见证了整个过程。特别是女儿开始学习站立时，我发现，她会不厌其烦地去寻找可以扶的东西，沙发、床、门、墙壁、叠好的被子等，只要她感觉可以用来扶，她就会立刻爬过去，扶着站起来。早期，想要站起来，需要经过无数次的跌倒，但是我发现，她似乎非常享受这个过程，不断调整，不断尝试直接站起来。

在这个过程中，我和家人都是默默地在旁边看着，只要是安全的，绝对不会去干预她。当她能够通过双手扶着物体站起来后，她的下一个动作会是怎样？她开始用单手扶了。当然，这很明显，她会继续跌倒，但是她会继续尝试，感觉单手扶着很稳了之后，女儿开始学习换手，当换手变得熟练之后，她开始尝试放手……最终她学会了站立。

我有时候想，要是成人有婴儿这种不厌其烦、不屈不挠的精神，还有什么事情做不成。

当然，不仅仅在站立这个项目上。在其他各种项目中，我都深刻感觉到，孩子自己学习的欲望是多么强烈，她对所有新鲜的东西都感兴趣，都想去摸一摸、碰一碰，不厌其烦，尝试无数次，直到把它彻底感受清楚。

各位父母，不知道大家对我说的例子是否找到点感觉，我在说什么？我在表达什么？最关键的是，你觉得孩子在干什么？孩子为什么这么做？仅仅是好奇，还是为了好玩？

事实上，孩子也许并没有特殊的意识。但是，人类的基因进化，决定了孩子天生具备某种初始程序，这种初始程序在无形中引领着孩子通过各个感觉器官去认识、探索以及理解这个世界。

站立，就是我的女儿通过不断的尝试和调整，根据过程中的各种反馈，最终得以掌握的技能。

早期的婴儿不仅会通过感觉器官去感受外界环境来学习成长，与此同时，他们还会用哭闹、撒娇、哼唧、喊叫等方式，来测试看护人的反应，从看护人的各种反馈中，去获取生存所必需的资源。

实际上，从受精卵到婴儿再到成年，孩子一路成长发育，他的第一要务是“求存”，这也是自然界所有生物的第一需求。当他们饿的时候，他们会哭闹，当他们“拉臭臭”的时候，他们也会哭闹，因为这时候哭闹是他们掌握的唯一手段。

你跟他们笑，他们也会跟你笑，当你严肃的时候，他们刚开始很可能还会跟你笑。可当他们发现没什么效果后，他们也会转为严肃，甚至哭。他们在测试你，通过你的反馈来判断自己是否安全。

你应该也有这样的印象：

> 孩子摔倒之后，如果不是特别疼，他会怎么做？他会四处找看护人，当他看到你的时候，很可能会哭，但是如果你马上就去抱他，他很可能会立刻停止哭泣。也有些家长不会去抱，会让他自己站起来，你会发现孩子会大哭，但是经历过几次之后，孩子摔倒基本就不会再哭了。这是因为他已经知道，哭是没有用的。

我并不建议父母这么做。类似的情形还有很多，比如：当孩子哭的时候，很多老人会说，不要抱，孩子一哭就去抱，孩子就会养成让你抱的习惯了。这种观念也许并不正确，因为它很可能会破坏孩子的安全感。

其实，当孩子感觉到足够安全时，他们会更不依赖父母。

孩子会从看护者的反馈中感知到很多信息，他会逐步去测试并调整自己的反应，以便适应父母的反馈。慢慢地，这种感觉会逐步形成初步的认知或者内在的思维模型，然后，用这些认知去理解新的事物，并继续内化对新事物的感知，随着内在认知的逐步扩大，孩子会逐步形成独特的生活风格和个性。而这种风格和个性正是孩子在适应环境的过程中，在和看护人的相互反馈中逐步形成的，它可以极大程度地提升孩子求存的效率。

举一个常见的例子，很多家庭在孩子起床去上学的过程中会上演一系列的冲突，父母总是习惯于对孩子进行各种催促，如赶快起床，赶紧换衣服，赶紧刷牙洗脸，赶紧吃饭等，以至于最后不得不对孩子大喊大叫。

很多父母说，我只是帮孩子培养好的时间观念。但实际上，孩子并没有学会时间观念，他学会的是通过看妈妈疯狂的程度来确定时间。在往后的生活中，孩子明白了，凡事都不用着急，因为妈妈还没有着急，等妈妈开始狂躁的时候，我再开始行动也来得及。同样，孩子顶嘴、撒谎等不良行为，也是孩子在跟父母的长期互动过程中，逐渐形成的生活风格和认知。

有学者认为，好奇心是驱使孩子去感知、去学习的原动力，人类区别于动物的重要特征便是好奇心。一只老虎在吃饱喝足后，对有异动的草丛是没有任何行动的，而人类一定会去探个究竟。孩子也一样，对新鲜的东西会十分地好奇，他会用去看、去摸、去咬等方式，去感知新的事物。

不论是生物学的进化论，还是心理学所说的好奇心，都说明孩子不仅仅是肉体凡胎，更是一种精神胚胎，天生就具备成长和学习的属性。就像是一颗橡树的种子，它天生就有长成参天大树的属性，只要给予肥沃的土壤、阳光和雨露，耐心地等待就好。

理解了这个观念，你就应该明白，一些孩子出现这样那样的问题，并不是他们天生就这样，他们是从外部环境中，跟父母的相互博弈过程中，学到了相应的认知，养成了自己独特的生活风格和观念，只不过这些认知是错误的，这些生活风格和观念是不被接受的。

如果我们想改变孩子的各种问题，最重要的，就是用积极的方法和科学的工具帮孩子调整这种认知，改变孩子的固有观念。想要调整这种认知和观念，就必须改变我们以往跟孩子的交流方式、反馈方式。孩子为了适应这种新的互动关系，自然而然就会往积极的方向转变，其相应的问题也会自然而然地消失。否则，继续放任下去，我们的孩子很可能会面临更大的麻烦。

孩子是怎么毁掉的

我们在网上不时会看到青少年犯罪的案例。这些孩子中并不缺乏高智商、高学历者，他们有的来自富裕家庭，也有的来自贫困家庭，共同的特点是，他们的心理几乎都有缺陷，要么自卑，要么狂妄，缺失完整的情感和健康的心理。一个孩子从出生到成年，不仅是身体和智力上的成熟，而且需要精神、心理、情绪上的成熟，这些都是家庭教育中需要着重培养的方面，但往往又是父母最容易忽视的地方。我们似乎更在乎孩子学业上、智力上的成长，却忽视了决定一个人成功和幸福最重要的因素，其实是情商、心理和精神。

当然，这些案例属于极端事件，多数家长都自信地认为，孩子距离犯罪还很遥远。不过，在日常生活中，厌学、网瘾、早恋、跟父母大吵大闹、逃学打架等现象却非常常见。这些行为，让父母们不知所措，痛苦万分，更不知道该如何教育孩子。父母内心感到焦虑的同时，又对孩子的未来感到十分担忧。有的父母觉得孩子还小，不懂事，也许长大了，等青春期、叛逆期过了就好了。的确，很多孩子过了叛逆期会变得懂事。但问题是，各位家长，你真的不怕事情会变得更糟吗？

“不怕一万，就怕万一”，万一你的孩子走向了不归路，请问：还有重新来过的机会吗？钱没了可以再赚，工作没了可以再找，孩子的成长只有一次机会，错过了就无法重来。

应该没有家长会拿孩子的未来下赌注。大家都知道孩子的教育非常重要，会不惜一切代价管好自己的孩子，想尽一切办法让孩子得到更好的教育。

我有一个朋友，是福建的华侨，事业上取得了巨大的成就，但最让她痛苦的是她的儿子。从小她就安排儿子上最好的私立学校，参加最贵的补习班，学习最好的兴趣班。为了儿子，可以说是付出了巨大的努力。而事与愿违，儿子迷上了网络游戏，深陷其中。为了阻止儿子上网，她不知摔了多少部手机，对网络也是严防死守。可是她这个儿子为了上网也是千方百计，不但偷钱，而且把妈妈的名牌包、首饰等贵重物品拿去卖。他经常因为上网的问题跟妈妈大发雷霆，摔门、离家出走还算小事，后来发展到动手打人的地步了。他爸爸也没有更好的办法，只能经常通过暴力的方式教育孩子。有一天，她找到了我，哭着跟我说她实在受不了了，恨不得跪下来求儿子听话一点。只要能把她儿子教育好，花多少钱她都愿意。

我想说的是：父母对孩子的爱是伟大的，为了孩子甚至愿意付出生命的代价。可问题是，父母的这种爱、这种教育方式很难有好的效果。在生活中，娇惯孩子、无视孩子、严厉地管教孩子，不仅没达到改变孩子的目的，反而使孩子的情况进一步恶化。

这到底是为什么呢？

不让你学习开车就让你直接上路，不让你学习外科手术的相关知识就让你直接上手术台，不让你参与职业培训就让你从事专业的工作……后果可想而知。可是，对于“孩子成长”这么复杂的系统，父母居然可以不学习就轻松“上岗”了，其后果会是怎样的？我想，父母们一定也知道答案。

在陪伴孩子成长的过程中，父母很可能只是把他养大，但并不知道要如何跟孩子沟通，如何帮助他成长。要知道孩子的成长，比你目前的工作以及生活当中遇到的问题复杂得多。这个世界上存在两种科学：一种叫“简单科学”，指我们可以看到、可以理解的，各种生活当中的事物，只要注入“初始参数”，最终的结果一定是可以预知的；另一种叫“复杂科学”，这门科学研究的内容类似生物进化、发展方面的学问，孩子的成长，正是这门复杂科学。你永远不知道给孩子注入一个“初始参数”，他的未来会是什么样。

有的家长认为，我就盯死他的学习，只要能考上好的大学，他的人生就一定会好。这其实是最大的谎言。你要清楚一点，考上了好大学但一生过得不如意的人，数不胜数。很多家长用“贿赂”、欺骗的方式告诉孩子，只要你考上了大学，我就不管你了，你也一定会有一个光明的未来，真的是这样吗？

跟大家分享一个案例：

一个爸爸终于如愿以偿地让孩子考上了南开大学，到了大学，这孩子就开始放纵自己，旷课、上网、逃学……各种问题层出不穷，最后，学校通知家长说要开除，你一定想象得到听到这个消息时，爸爸是什么样的心情。在电话里，爸爸冲儿子大吼，没想到他儿子说："你不是说考到南开大学后，你就不管我了吗?"

当孩子觉得，学习是为了父母不得已的做法，学习是为父母学，最后的结局，很可能也会如此。

有的家长觉得，中国自古以来就有"棍棒出孝子，严师出高徒""树不修不成器，人不打不成才"的说法，小孩子不打怎么能行？这其实只是片面的理解，过去的社会环境和我们现在的完全不一样，不可一概而论。

在我的教学过程中，大多数孩子的问题来自父母严厉的教育。很多孩子因为父母的严厉产生了逆反心理，导致不良后果。也有很多孩子在父母的权威下选择退缩和逃避，变得唯唯诺诺。试想，如果你的上级整天对你呼来喝去，你会怎么想，你会怎么做？我相信，此时，你心里想的跟你孩子心里想的不会有太大的区别。

孩子是一个独立的个体，他们有独立的人格和思想，他们跟我们成年人是一样的。他们有自尊，喜欢别人认可自己，讨厌别人指责自己。可是，很多时候，作为父母的我们，却并没有意识到这点，总是有意无意地用错误的方式去面对孩子。那么孩子呢？他们自然而然地就会采用错误的行为来应对父母。

孩子出生的时候，就像是一张白纸，你在这张纸上画了什么，他就是什么。你绝对想象不到一个刚出生的婴儿，那么可爱，那么柔弱，但是长大后却变得那么招人憎恨。如果是个问题孩子，那么请问：他是怎么学会那么多坏毛病的？如果是个品学兼优的孩子，他又是如何做到的？

很明显，孩子是从自己的家庭、学校、社会环境中学到的。

学校和社会是家庭教育的放大镜，如果一个孩子的家庭教育有缺陷，当孩子走进学校、走进社会的时候，这种缺陷就会被放大。因为孩子需要跟更多的人产生关联，他的问题将会更大程度地体现出来。

有的父母可能会问，为什么很多父母的人品、三观都非常好，教育出来的子女也会有各种各样的问题呢？很简单，孩子就像是复印件，而父母是原件，如果复印件出了问题，要么是原件有问题，要么就是复印机有问题。复印机就是教育方式，如果复印过程出现问题，那么复印件肯定会与原件产生偏差。父母都是爱孩子的，也都希望孩子积极向上，可是当我们复印过程不恰当的时候，也就是教育方式不恰当的时候，孩子就走向了跟预期相反的方向。

当然，还有一些孩子，他们天生智力水平就非常高，学习能力和悟性都非常高，所以他们也可以表现出跟父母完全不一样的情况。但是，绝大多数的孩子智力属于一般水平，所以我们更应该关注后天的教育。

对于“原件”的问题，孩子反而表现特别好的情况，究其根源，也是心理学机制在发挥作用。心理可以重构现实，客观世界是一回事，但是对客观世界的看法是另外一回事。比如，创业失败是一个客观事实，有的人觉得自己不是这块料，可能不适合创业，而有的人反而会从失败中总结教训，进而继续奋斗。再比如，同样是体罚，有的孩子告诫自己下不为例，而有的孩子更加憎恨体罚施加者。孩子其实是在按照内化的秩序和认知去理解外部世界。

事实上，很多心理学家已经证实，孩子会逐步把内在秩序和认知形成独特的生活方式和风格。也就是说，在现实生活中，孩子会按照自己独特的风格去理解外部世界，通过自己的解读进而产生相应的行为。错误的教养方式也能养出好孩子正是这个原因。但是，这种概率极低。

总的来说，孩子在跟父母长期的生活过程中，会逐渐养成自己独特的风格。这些生活风格主要有支配统治型、索取型、回避型和社会利益型。而社会利益型才是正确的，教育的目标正是帮助孩子形成社会利益型风格。

什么才是社会利益型风格，为什么只有这种风格才是正确的？心理学家阿德勒认为，人类一生当中有三种限制，任何一个人都不可能摆脱这三种限制：生存环境、社会关系与两性关系。第一种限制，也就是生存环境，或者说生存能力，为了生存，你必须做点事情，让自己有价值，用自己的价值去换取生存物资。但是，单单靠你一个人的力量是不够的，你必须与其他人发生联系，这就是第二种限制——社会关系，一个人脱离社会而生存是毫无意义的。第三种限制——两性关系，每一个男人或每一个女人都无法回避爱情和婚姻的关系。以三种限制涉及职业、社会、性别三个领域。这三种限制统一起来，其实就是合作关系。能在这三种限制下处理好各自的关系，就会成为一个幸福快乐的人。所有的不幸，一定是某一个限制出现了问题。

在家庭教育过程中，有的孩子出现叛逆、网瘾、厌学等问题，本质上都是孩子在获取资源过程中，或者跟其他人合作过程中遭遇了限制，孩子不懂得用正确的方式去获取这些资源，于是采用错误的行为去抗争。结果这种抗争遭到了外界环境的打压，导致孩子问题越发严重。

拿叛逆的孩子来说，他们只是不懂得如何跟父母更好地合作，他们不懂得如何用正确的方法获取自己想要的资源，越是得不到，父母越压制，孩子就越要反抗，进而引发更严重的叛逆。

对有网瘾的孩子来说，抛开网络本身的诱惑力，最根本的是因为他们在现实生活中没有归属感，他们总是不被外界接受。但是在网络世界里，他们可以为所欲为，可以找到跟自己合作愉快的伙伴，更容易获得自己想要的资源。有网瘾的孩子，大多在现实生活中找不到价值感，因为总是被否定，缺乏方方面面的成就感，而且普遍缺乏自信，而这种成就感在网络世界里却非常容易得到。现实生活中获取不到，孩子就从其他地方获取。

那么，孩子这些获取资源的能力和方式、跟外界合作的能力和方式是从哪里来的呢？正是从自小的家庭教养中，从与父母的互动、反馈过程中学来的。那么，究竟什么样的风格才是孩子真正应该具备的？

阿德勒认为，这三种限制的核心在于贡献，你能够为社会、为他人、为异性作出多少贡献，决定了你的幸福水平。社会利益型风格的人正是那种可以很好地处理这三种关系的人。试想，如果我们的孩子是社会利益型人格，那么他将是一个充满自信、愿意学习成长、愿意帮助他人并积极寻求合作的人，他有责任心、有内省能力、能够很好地控制自己的情绪，遇到困难时不气馁，可以灵活地以积极的态度去应对。这不就是我们希望自己孩子未来能成为的样子吗？

然而，很多时候，父母错误的教育方式将孩子推向了相反的方向。让孩子成为支配统治型、索取型、回避型这三种风格中的一种或几种。而采取这些错误教育方式的父母，主要有以下四种：

第一，控制型父母，也称严厉型父母。

控制型父母认为，孩子就得听大人的，控制自己的孩子是他们的责任，是父母职责的一部分。他们相信，如果不对孩子加以控制，那就是放纵。这些父母用某种形式的惩罚或者奖励，作为控制孩子的主要方法。比如，控制型的父母经常会说：这事没商量，你必须按照我说的做，再给你最后一次机会，否则我就……再比如：这次你要是再考不好，你就别想打游戏……诸如此类，他们希望孩子必须按照自己的意愿行事，对孩子总是高标准、严要求，但又很少关注孩子的感受和情绪。

并不是说控制型的方法解决不了问题，通常它只有短期效果，只是让孩子暂时符合父母的要求，并没有考虑到这种教育方式的长期效果。在这种教育方式下成长的孩子，通常学到了这些东西：

（1）强权就是王道

如果想让别人配合，就一定用激烈的方式、强权的方式。这样的孩子会更霸道，他们在学校和社会生活中，也会采用父母的方式去对待别人。

（2）依赖外在的奖励

缺少对生活的责任感，更依赖别人的看法，会努力地去寻求别人的赞同。平时都是为了拿奖励而按父母说的做，自己没有或者很少有决策的权利，因此也没有锻炼出这种责任心。他内心的想法是：反正都是爸妈说了算。

（3）叛逆与顺从

长期的压制导致孩子有很强的叛逆心态，一旦有能力跟父母抗衡的时候，孩子绝对不会放过任何一次机会。大量的父母停止打孩子的原因是因为感觉打不过了。也有一些孩子选择了顺从与退缩，他们学会了在犯错误后，如何不被父母抓到，如何撒谎，如何欺骗父母。

（4）无归属感，不自信，缺乏价值感

长期的惩罚，会让孩子感觉不到家庭的温暖和父母无条件的爱，内心缺乏安全感。也正因为没有安全感，这些孩子通常也会缺乏勇气和自信，不敢去探索未知世界。

在实践过程中，我们发现，有相当一部分父母的教育方式属于控制型，他们总是冲孩子大喊大叫、责骂甚至殴打孩子，他们认为严厉挺有效的，至少可以解决当前的问题。但是，父母们忽略了对孩子长期的影响。

根据大量的案例统计，我们发现，在严厉的教养方式下成长的孩子，通常会以憎恨、反叛、报复、退缩这四种方式中的一种或几种作为长期的回应。有的孩子觉得你骂我、打我是不是？好，那我也会恨你。很多孩子跟父母的关系非常紧张，他们痛恨自己的父母，觉得你对我不好，我也要跟你对着干，让你难受。还有一些孩子觉得，这件事情你不让我做是不是？好！那我就从其他地方报复你，下次我给你搞更狠。另外一些孩子，他们在严厉的管教下选择退缩或者选择偷偷摸摸地做，我不让你们发现总可以吧！

第二，放纵型父母。

随着社会的进步，越来越多的父母明白放纵孩子是极其错误的教育方式，但由于各种各样的原因，孩子经常由隔代的老人养育，这就带来了孩子骄纵的后果。

这种教育方式剥夺了孩子学习自立和坚韧的机会，孩子失去了学习生活技能的机会，他们无法靠自己的力量从困难中走出来，长大后便会成为极其以自我为中心的人。一旦发现外界不能随他的心愿，他会认为整个世界和父母都欠他们的，他们有权利得到自己想要的一切。这种孩子长大后经常会说“你们怎么可以这样对我，世界对我不公平”等。

第三，阴晴不定型父母。

阴晴不定型父母的教养方式是随自己的情绪而定的。心情好的时候，他们很关心孩子，懂得理解孩子，孩子怎么样都行。可是，当心情不好的时候，他们对待孩子的方式就变成了另外一种。阴晴不定型父母很容易在严厉和骄纵两者之间来回摇摆。这种教育方式会让孩子失去判断是非的能力。孩子不知道究竟什么是对的，什么是错的，孩子更依赖于他人的评价，失去了自我的价值感。

第四，忽视型父母。

忽视型父母很少关注孩子，他们跟孩子待在一起的时间很少，从小对孩子不管不顾、不闻不问，只有发现孩子出现严重问题的时候，才真正注意到孩子。孩子很少感受到父母带来的家庭温暖，也很少受到父母的教育，他们自然就会欠缺内心的安全感，很容易加入不良团体或者游戏成瘾。当然，也有一些孩子会表现得很乖巧，但是在生活和工作中，他们更愿意追求安稳，遇到困境时，很容易受挫，不敢去尝试挑战。

错误的教育方式，很容易导致孩子产生错误的行为。当孩子进入青春期后，这些错误的行为将不断放大，如厌学、逃课、吸烟、网瘾、早恋、打架、拉帮结派等。孩子的错误行为以及青春期的叛逆受到孩子的个性、青春期的大脑发育以及家庭教养方式等诸多因素影响，这也就意味着，同样的错误行为会有不同的原因，而相同的原因也有可能产生不同的错误行为。拿厌学来说，原因有可能是孩子不能接受学校的授课方式，也可能是因为孩子想要通过放弃学习来报复父母，当然也可能是孩子感觉知识很难，打算放弃进而产生了厌学的情绪。

孩子的成长，本身就是一个复杂的难题，那么到底有没有一些科学的方法可以破解？答案是有的。就像牛顿的力学开启了整个科学革命，推动人类进入了科学的世界，在教育学和心理学也有相应的理论，可以帮助我们开启人类行为的神秘大门。风靡全球的“正面管教”，正是应用这些心理学理论，在青少年教育方面实现了巨大的成功。作为普通的父母，我们确实没有那么多时间去学习专业的技能，但为了孩子的健康成长，为了改变孩子的各种问题，我们需要有一个大概的认识，也应该去掌握一些关于教育孩子的思维模型以及简单的教育工具。

孩子问题的底层原因

错误行为的背后是什么

如果你不了解孩子，不知道为什么孩子会有各种各样的行为，仅靠臆断是十分危险的。就拿叛逆的孩子来说，他们只是不懂得如何跟父母更好地合作，不懂得如何用正确的方法去获取自己想要的东西。越是得不到，孩子就越反抗，父母就越压制，结果孩子就越加叛逆。

对有网瘾的孩子来说，抛开网络本身的诱惑力，最根本的原因是他们在现实生活中没有归属感，他们总是不被外界接受，但是在网络世界里，他们可以“为所欲为”，可以找到跟自己合作愉快的伙伴，更容易获得自己想要的东西。

同时，有网瘾的孩子大多在现实生活中找不到价值感。他们总是被父母否定，缺乏方方面面的成就感，也普遍缺乏自信，但是这种成就感，在网络世界里却非常容易得到。

在现实生活中获取不到的，孩子们自然就会从其他地方获取。

如果你意识不到这点，那你所采用的教养方法通常就是错的，你的教育过程也一定是痛苦的。因此，抱着开放的心态，了解一点心理学是十分有帮助的。

首先，我们需要知道人的行为会受到内在信念的驱动，人们会寻找各种证据来支持自己已有的信念，这是人的天性，甚至会歪曲事实，以使之适应自己的信念。正如前文“孩子是一个精神胚胎”所述，客观事实就仅仅是客观事实，对孩子而言，孩子是以内在的认知去理解客观事实的。这里的内在认知便是信念。一个人的内心如果有平静的信念，那不论处在哪种混乱的环境，他都可以用平静的信念去解读。信念造就了感觉，而感觉造就了行动，这些都是自然发生的。

信念有显性的，也有隐性的。显性指的是我们可以意识到的，可以感觉到，也可以理解的，而隐性的信念处在潜意识当中，孩子根本就意识不到。如果你问孩子为什么叛逆，为什么有网瘾，他很难跟你说出本质信念，因为孩子自己也不知道。

心理学家荣格认为，如果潜意识不能成为意识，它就会成为你的命运。当你不知道你为什么会做各种奇怪事情时，你只能把它理解为命运的安排。事实上，孩子很多错误行为正是受到隐性信念的影响。换言之，孩子所有错误行为的背后一定隐藏着错误的目的以及相对应的信念。只要你看到这些目的和信念，你就掌握了孩子教育的指南针。可是，如果你看不到孩子行为背后的信念，那么你所采取的教育方式和手段很可能是无效的，甚至是有害的。

有这么一个孩子，小时候爸爸去世，从小跟着妈妈长大。小学五年级前，他学习成绩很好，也很听话，可以说是品学兼优。可是进入五年级后，他经常遭到班级同学的欺负，回家告诉妈妈，妈妈跟他说："这个你要去告诉老师，让老师去批评那些同学。"大家注意！当孩子到了五六年级的时候，向老师打小报告是一件很光荣的事情吗？当然不是。

小孩子有小孩子的世界，他们会非常在意同龄人的看法，既然不能告诉老师，跟妈妈说也没用，且内心又没有安全感和归属感，那怎么办呢？孩子其实很聪明，他一定会从生活的反馈中找到应对措施，也一定会求助于别的途径。

后来，孩子慢慢发现，如果自己成为帮派的一员，那肯定就没人敢欺负自己了。你看，内心的安全感或归属感是孩子主观的需求，孩子的信念是只要加入了帮派，就没人敢欺负自己了，这是他的最优选择。而这一切，对孩子而言，都是合情合理的。有了需求、有了信念，就一定会产生动机。有了动机之后，孩子会想办法跟帮派里的不良孩子培养关系。

可是，大家知道，跟这些孩子相处，是需要投入时间和精力的，你放学后的时间、周末的时间都是需要配合帮派的，同时，孩子在学校为人处世的方式也要去顺应帮派。慢慢地，孩子的成绩开始下滑，孩子在学校的表现也经常遭到老师的批评。

当妈妈看到孩子的学习成绩和在学校的表现越来越差，不得已对孩子进行了各种管教、批评甚至打骂，可是孩子却越来越逆反。进入初中新的环境后，原先的帮派已经不存在了，但孩子内心对安全感和归属感的需求依然存在。孩子从小学就知道他不被接受和认可，加上初中的学习跟小学是不一样的，孩子的成绩很快跌入谷底。

初一，处于青春期的孩子就遇到了重大挫折，孩子感受到巨大的压力，需求还没有得到满足，又十分在意自己的荣誉，在意别人对自己的评价。可是，孩子并没有什么好的途径去沟通，也没有什么玩的地方或者玩的朋友，这时候，他拿起手机去缓解一下。

大家注意，这个手机并不是简单的手机，此时的手机就像大海里的一块木头，孩子会紧紧抱着这块木头，这是孩子唯一逃避压力的方式。可是作为父母，作为老师，一定会对手机进行控制，对孩子进行严厉的管教，而这种方式只会让孩子更有压力，逼着孩子紧紧地抱住木头。孩子会更加依赖手机，因为这种感觉就像“没有木头我就淹死了”。

可是，当这块木头被一锤子砸碎之后，你就会发现，这个孩子疯了：我在大海里就活不成了，我的朋友圈没了，我可以逃避的游戏没了，然后，妈妈对我的爱也没了，妈妈可以不顾我的感受，恶狠狠地砸碎我的东西……所有的一切，让孩子的情绪彻底失控了，就像火山一样，彻底爆发了。失控了的孩子，进行了还击，他打了自己的妈妈。比这更可怕的还在后面，孩子虽然打了妈妈，但是妈妈也做了一件错事，妈妈居然让步了。这件事就变得不一样了。

对孩子而言，他现在长得很高大，他不觉得自己还是个小孩。孩子会觉得，我从小就一直听妈妈的，一直被控制，第一次体验到力量，觉得他只要攻击，妈妈就让步，她会向我道歉。这不就是在告诉孩子暴力是非常有效的方法，权力终于从妈妈手上转移到了我的手上。

权力，是青春期孩子最喜欢的，特别是男孩子，这个时候，孩子会轻易放弃这种权力吗？当然不会，你啥都依着我，那我不上学了，本来学业压力就压得我受不了。现在，有了这种权力，我怎么可能不好好利用呢？于是，在后面的生活中，他一次又一次地通过暴力获得自己想要的东西，孩子的最终结果可想而知。

父母教养孩子，想要解决孩子身上的问题，就需要去识别孩子潜在的目的，看清楚孩子内在的信念。一般来说，对归属感和价值感的追求是人类的共性，问题孩子之所以有问题，正是在追求归属感和价值感的过程中，用了错误的目的和错误的信念。

因为孩子们错误地相信，得到归属感和价值感唯一的方式，就是通过一些与他们真正想要的结果相反的行为。这些行为不但达不到他们想要归属感的目的，他们还会发现最亲近的人与他们疏远了，并且自己会变得更失望。他们的错误目的变成了一个恶性循环，他们变得越失望，就越会为实现错误目的而努力，就像前面案例中所述，孩子玩手机是为了在虚拟世界中找到归属感和价值感，可是，父母和老师的禁止行为让孩子更加依赖手机，进而引发更大的冲突。“阿德勒学派”对孩子的错误目的进行了总结，一共分为四种：

第一，寻求过度关注。

孩子在寻求过度关注，让别人为自己奔忙。这种目的产生的行为通常会让父母感到心烦、恼怒、着急、愧疚，并且想采取的措施是提醒、哄劝、替孩子做他们自己能做的事。

孩子会有这种错误的信念，是他觉得只有得到特别的关注，才会有归属感，才可以感觉到爱，只有让大家为他团团转的时候，他才是重要的。

这种信念其实是在告诉父母：快来注意我，让我参与，让我发挥作用吧！

我有一个学员，她的孩子其他方面都很好，但是经常会因为一些鸡毛蒜皮的小事跟她顶嘴。在咨询的过程中，我发现，原来孩子顶嘴的目的是引起父亲的反应，孩子觉得父亲从不关心她，只有当她跟母亲吵架的时候，父亲才会出来说她。只有这样，她才感觉到父亲其实有在关注她。当我们跟孩子的父母沟通了这种情况后，孩子的父亲对孩子有了更多的关心，孩子的顶嘴问题也渐渐消失了。

《狼来了》的故事，大家都很熟悉，但我听过另一个版本的：

一个农民的家里有三个孩子，其中小儿子每天的任务是去山上放羊，在山上，小儿子觉得很孤单，心里总是觉得，爸爸妈妈似乎都不怎么关心自己，只在乎大哥和二哥。有一天，他想到了一个办法，他在山上大声喊道："狼来啦，狼来啦……"父母和兄长听到后，立即赶往山上，当看到小儿子安然无恙的时候，对他又亲又抱。母亲百感交集，哭着抱着小儿子迟迟不肯撒手，这时的小儿子觉得自己非常幸福，他感受到了父母的关爱。过了几天，小儿子又想到上次那种感觉，于是又在山上大喊："狼来了，狼来了……"父母着急忙慌地赶到山上才发现，原来小儿子居然在撒谎，于是给孩子来了一次大大的教训，教育他不应该撒谎。过了几天，狼真的来了，可是，无论小儿子如何大喊大叫，都没有人上山救他，结果活生生被咬死了。

各位父母，请问，这个故事在说什么？

父母看到的表象是孩子撒谎，但是孩子真正要的是父母的关爱。父母如果可以看到孩子撒谎的背后其实是在寻求关注的话，或者如果父母一直以来都可以给予孩子真正的关爱，那我相信不会有后面的悲剧。

第二，寻求权力。

孩子在寻求“我说了算”“你们控制不了我”的感觉。这种目的，通常会让父母感到生气，感觉受到了挑战、威胁以及有种被击败的体验，而父母想采取的措施是应战或者投降，心里会想：“你休想逃脱！”

孩子会有这种目的的信念，是只有当他说了算的时候，他才可以感觉到归属感，没有人可以指使他，也强迫不了他。

这种信念其实是在告诉父母：给我选择，让我帮忙。

生活中，孩子寻求权力的情况比比皆是。有时候，父母觉得孩子总是跟自己唱反调，你不让他穿这条裤子，他非要穿，你不让他留长头发，他非要留，你想让他先写作业后吃饭，孩子非要吃完饭再写作业……其实，孩子真不是非要按照自己的想法去做，有的时候，孩子也知道自己的做法是错的，他真正需要的只是这种掌控权力的感觉，只要是自己说了算，至少不是完全由父母说了算就行。他们真正要的是那种价值感，是那种自己有能力的感觉。

关于价值感的追求，不论是孩子，还是成人，其实都会有。

在工作中，有时候你也知道对方说的是对的，也确实应该按照对方说的做，但你就是不认输，就觉得权力必须掌握在你手中。孩子也一样。我儿子五岁时，有一次我带他去散步的时候，我说要从这条路走，他非要从另外一条路走，我说去这个便利店买东西，他非要去另外一个地方买……你看，他在做什么？

本质上来讲，他根本无所谓从哪里走，去哪里买东西，因为没有太大的区别，他只是在追求自己说了算的感觉。你认真思考一下，什么是叛逆？叛逆就是即使孩子知道你说的是对的，但是他仍然不听，因为他不愿意把权力交出来，让父母去掌控自己。孩子叛逆的本质是什么？本质就是追求权力。

因此，当你跟孩子发生冲突的时候，你就要考虑孩子是不是在寻求权力。当这种权力的争夺开始的时候，父母真正要做的是及时退出冲突。因为在这种情况下，父母采取的回应几乎都是不理性的，甚至是错误的。

第三，寻求报复。

孩子在寻求报复，在以牙还牙。这种目的，通常会让父母感到伤心、失望、难以置信、憎恨，而父母想采取的措施是反击、羞辱，心里会想："你怎么能做出这种事情？"

这种孩子的信念是，没有人喜欢我，没人爱我，我受到伤害的时候一定要伤害别人才能弥补我的心。

这种信念其实是在告诉父母：我现在很受伤，我需要你们认可我的感受。

小时候，我很喜欢吃糖，那时候家里穷，妈妈觉得应该要适当控制。有一次，我吵着要吃，妈妈说："你今天不是吃过了吗，为什么还要吃？"虽然我一直吵闹，但妈妈最终还是没有给我糖。

当时我非常生气，心里想着，我非把糖全部吃光不可。后来，趁着妈妈出去做事，我翻箱倒柜，四处找。在找到之后，我狼吞虎咽，一边吃，一边糟蹋，最终把所有的糖都“霍霍”了。你看，当孩子的需求得不到满足后，就会产生报复心理，把糖果“霍霍”完，就是想要报复妈妈。

糖果是小事情，但有的孩子在寻求报复的时候，会非常极端。

电影《死亡诗社》中，有一个男孩子成绩优异，父亲在平时的生活中对他非常严厉，不允许有任何一点反抗，一直以来要求他好好学习。这个男孩因为受到老师的鼓励，爱上了歌剧表演，他非常有天赋，也是剧团的男一号，在最后的表演过程中获得了最佳男演员称号。然而，父亲不仅没有赞赏他，反而当众羞辱他，并即刻把他带回家，进行了严厉的警告。当天晚上，孩子觉得自己那渴望自由、渴望音乐的梦彻底幻灭了，他决定用自杀来报复父亲。他内心觉得，只有死亡才可以找到真正的自由。最后，这个男孩用爸爸的手枪结束了自己年轻而美丽的生命。在开枪前，这个孩子脱去身上的衣服，以表明把原始的身体还给父母。

将心比心，大家可以想一想，当父亲看到儿子尸体的时候，什么成绩、什么学习、什么听话懂事，这些还重要吗？

一旦你感觉孩子有了这种报复心理，就要非常小心了，这时候的孩子是非常脆弱的，他们内心受过的伤害，很可能会采取某种形式进行报复。

第四，自暴自弃。

孩子彻底放弃了，并且不希望别人介入，通常会让父母感觉到绝望、无助、无能为力，而父母想采取的措施是放弃、替孩子做他们自己能做的事。

孩子背后的信念是，我很无助、很无能、任何尝试都没用，我要让别人对我不寄予任何希望。

这种信念其实是在告诉父母：别放弃我，帮助我走出困境。

我有一名学员，孩子在读初中的时候学习成绩很好，一直以来都是班级的第一名，深受老师的喜爱，孩子也一直很努力。终于，功夫不负有心人，孩子如愿以偿地考入了当地最好的重点高中。可是，当孩子进入高中之后，发现自己很难适应高中的学习生活，很难听懂老师的课程，与此同时，还发现周围的同学都非常厉害，自己陷入了深深的学习困境。父母发现这种情况后，以为孩子上了高中有点放纵自己了，便经常严厉地批评孩子，骂孩子愚蠢。孩子的情况变得越来越糟，因为重点高中的课堂节奏非常快，孩子上课基本都听不进去，落下的学业越来越多。有一天跟父母说他不想上学了，实在是读不进去。这下父母着急了，拼命地给孩子补习，但是孩子始终提不起劲来，学习都是懒懒散散，无精打采。

这个案例中的孩子其实就有点自暴自弃了，孩子的学习能力是不用怀疑的，而且他初中的基础很好，只是因为进入了高中，换了一个环境，孩子开始觉得难以适应。但是，学习的反馈和父母的反应，让孩子觉得自己一无是处，根本不是读书的料，最终放弃了自我。

心理学有一种说法叫“习得性无助”，就是当孩子尝试过多次后还是失败，最终内心会认为在这件事情上，自己天生就是不行，自己不是这块料。

在现实生活中，我们见过很多习得性无助的现象。如“女儿过了初三就不行了”“我儿子数学不行”“我的孩子不是念书的料”等，这些都属于习得性无助。我们习惯用这种僵化的思维方式去看待某一件事情，我们否认了事物总是在发展变化的。

乔丹刚开始打篮球的时候，教练也告诉他，你不是这块料，不允许乔丹加入篮球队，但是乔丹最终成为篮球史上的神话。菲尔普斯小时候老师说他永远也不可能专注做好一件事情，结果菲尔普斯在2008年北京奥运会上一举拿到多项游泳金牌。他的教练在接受采访时说，菲尔普斯最大的优点就是“专注力”。

所以，作为父母，我们真正要做的是鼓励孩子，引导孩子尝试不同的方法。

实际上，当这名学员找到我的时候，我就告诉他：“你回去看一部叫《垫底辣妹》的电影，看完之后再来跟我探讨。”之后，经过一段时间的执行，学员反馈孩子又重新找到了学习的成就感，成绩也在不断地提升。我跟学员说：“不用在意孩子目前的成绩，只要孩子不断尝试，不断努力，他自然而然会找到自信，最终会取得一个又一个胜利。”

自暴自弃的孩子最缺乏的其实是自信，看似他们已经彻底放弃了，其实这个时候，他们最需要的是父母的帮助。父母需要鼓励他们，让他们从最容易的开始，慢慢地重拾自信，慢慢地变好。

孩子的错误行为可能有无数个，但是，任何错误行为背后一定有某个错误目的以及信念。家长可以通过孩子发生错误行为时，其内心的感觉以及想要采取的行动来判断孩子属于哪种错误目的。当你知道了这些目的，你对待孩子的态度一定会有所变化。例如，如果孩子跟你说：“妈妈，我不是故意要捣乱，我只是想通过捣乱让你关注我，让你再关心我一下。”我想，你对待孩子的方式一定不是责骂或惩罚。实际上，只要你的态度发生改变，你会发现孩子很快就会有神奇的变化，因为他们是天生的学习者，他们会从你的态度和行为学到新的应对方式。

知道孩子错误行为背后的目的很重要，可以让父母意识到，孩子究竟是哪里出了问题，以便父母做出相应态度和行为的调整。当然，改变错误行为是父母眼前最想要解决的。但是，想要让孩子往更好的方向去发展，我们需要先知道孩子真正需要的是什么。

孩子的真实需求是什么

孩子错误行为的背后，一定有错误的目的，这说明孩子一定有什么东西缺失了。心理学家阿德勒认为，孩子终其一生的目的都在寻找归属感和价值感，孩子的一切行为都脱离不了这两种需求。在此，我想特别补充一下，安全感也是人类最基本的追求，它也是归属感和价值感的基础，只有当孩子感受到环境的安全，感受到父母给他的爱，这时候孩子才觉得自己归属于这个家庭，才会有归属感，然后慢慢建立价值感。

关于归属感和价值感，这和心理学自我决定论中的归属感、胜任力、自主权有着异曲同工之处。正如牛顿第一定律是物理学中最基本的定律之一，对归属感和价值感的追求，也是人类行为的第一性原理。任何事物，只要你回归到本源，找到最本质的东西，就相当于你找到了终极的“钥匙”。在工作中，我们可能是某个专业的专家，可能是某个行业的领袖，这只是因为我们知道自己做的事情最根本的东西是什么。

举个简单的例子，我有个朋友是一家酒店的总经理，但是他从小没有读过什么书，也没学过什么企业管理知识，酒店却管理得非常好。他每天都很清闲，上班喝喝茶、聊聊天，感觉非常轻松地就把工作完成了。我曾经问他，为什么你做得这么好？他是这么说的："酒店管理管的就是人，只要把人安排到位了，事情自然而然就会弄清楚。"虽然是极其简单的一句话，但这就是我朋友的第一性原理，他对酒店管理中的"道"已经摸透了，已经解决了最关键的问题。

对孩子教育来说，学者、专家以及实践者公认的那个"道"，正是归属感和价值感。

那么，什么是归属感？

从心理学的层面来说，归属感，是指个体与所属群体间的一种内在联系，是某一个体对特殊群体及其从属关系的划定、认同和维系，归属感则是这种划定、认同和维系的心理表现。通俗来讲，归属感就是一个人发自内心地认为自己属于某一家庭、某一集体或者某一组织，对孩子来说，归属感就是他们内心觉得自己属于这个家庭、属于这个班级、属于这个学校，以至于属于一个国家。所以，有归属感的孩子，他们一定会发展出对组织的责任感，一定会愿意为组织承担相应的责任。

在学校里，你会发现有班级归属感的孩子会为了维护自己班级的利益去跟其他班级竞争，同样，你也会发现，当他们走出了学校，也会愿意为了学校的利益去跟外界竞争。这就是归属感，就是一种感觉，无法用明确的语言来表达，但是却真实存在。一个有家庭归属感的孩子，他们会把家里的事当成自己的事，他们在乎家庭中每一个成员的感受，愿意为家庭承担自己的责任。同时，有归属感也意味着孩子的内心是安全的。只有内心是安全的，是有爱的，孩子才会有自信和勇气，才敢于去探索和挑战。

那么，归属感是怎么发展出来的？

一个人能从家庭或组织中感知到爱，感知到温暖，感知到自己是被需要的，他慢慢地就有了归属感。一个孩子在班级里，老师不喜欢他，同学们排挤他，那这个孩子一定没有班级归属感，甚至根本就不想去学校。同理，如果大家都喜欢他呢？我相信，这个孩子最喜欢去的一个地方一定是学校。

那么，什么是价值感？

简单来说，一个人觉得自己有用，自己是有能力的，是可以解决生活中的各种问题和困难的，这就是价值感。有价值感的孩子，他们通常会很自信，会觉得自己是有价值的，是被他人所需要的。同样，对于孩子来说，具备价值感也可以帮助他们更好地去应对学习这件事。在孩子成长的过程中，学习这件事情算是一个有难度、有挑战且很重要的事情。但是，能把学习搞清楚的孩子真的不多。对大部分孩子来说，学习本身并不容易，如果没有一定的自信，不具备相当的价值感，那他很难从学习中找到感觉，他们会尽可能地回避学习这件事。可想而知，缺乏或者缺失价值感的孩子想要把学习搞好，几乎是不可能的。

家庭教育的目的，就是要让孩子首先在家庭中获得归属感、价值感这两种感觉。只有家庭的这种感觉是完备的，孩子进入学校或者社会后，才会有更强的适应能力。当然，孩子有可能已经进入学校或社会，这时候，父母需要做的，仍然是帮助孩子、鼓励孩子，让孩子找到不同组织中的归属感和价值感。比如，如果一个人的能力还不足以在某一个葡萄园里摘到葡萄，那么可以让他换一个葡萄园，让他找回自信，找到价值感，帮助他提升能力，然后一步步成长，最终摘到葡萄。

在实践中，我接触过很多成功的案例。其中一个，是十岁的小女孩，她从小就很自卑，因为长得很胖，就很不自信。虽然父母都很爱她，但是肥胖导致她很孤僻，不愿意去上学，不愿意读书，没什么朋友，也不愿意跟同学们一起玩。她的父母是怎么处理的呢？

她的父母先把女孩换到了一个新的学校，学校针对不同的孩子采用不同的教育策略。比如说，老师在课堂提问的过程中会准备 ABCD 四类问题，其中 A 类问题很难，是专门针对那些比较骄傲、自以为是的孩子，让他们知道天外有天、人外有人，而 D 类问题就是专门针对那些不自信、对学习没兴趣的孩子。当然，整个过程孩子们是不知情的。因为 D 类问题相对简单，小女孩每次都能回答正确，慢慢地小女孩就对学习产生了兴趣，从学习中找到了自信。也就是说，她找到了学习的价值感。在培养小女孩价值感的同时，老师把全班最受欢迎的男孩子安排到这个女孩边上，让他们成为同桌。其他同学如果想要跟这个男孩接触，经常就需要通过这个小女孩，比如传个话、传个小纸条什么的，慢慢地，小女孩发现原来自己挺受欢迎的，感觉同学们很喜欢她。

人性就是如此，当别人对你好的时候，你也会对别人好。同样，随着小女孩对身边同学越来越好，她自己在班上也越来越受欢迎。经过这种正向的反馈，奇迹发生了，小女孩变得阳光自信起来，因为她已经拥有了学校和班级的那种归属感。她决定开始运动，每天努力减肥，就这样，小女孩彻底转变了。你看整个过程，学校给这个小女孩注入了什么？就是内心的归属感和价值感。

大多数孩子之所以出现问题，是因为缺少在家庭中的归属感和价值感。父母对孩子从小的教育方式让孩子感受不到这两点，总是批评、指责、否定孩子，导致孩子普遍不愿意跟父母进行有效的沟通，亲子关系普遍较差，而父母也很难对孩子产生积极的影响。

关于家庭中的归属感和价值感，核心有两个，一个是无条件的爱，一个是恰当的教育。

1. 无条件的爱

很多家长都说自己对孩子的爱绝对是无条件的，为了孩子即使付出生命也愿意。当然，所有的父母都是爱自己的儿女的，都愿意把最好的东西给儿女。但是，如果看了下面关于爱的含义，你会相信自己做得远远不够，你的爱很可能只是占有和控制，是很盲目的。

①爱是一种接纳，发自内心的欣赏。

②爱是平等的，是相互尊重的。

③爱是理解与同情。

④爱是需要表达出来的，是需要让对方感知到的。

⑤爱是不需要交换的，是无条件地付出。

对孩子而言，爱需要给予恰当的教育，帮助孩子学会独立，学会适应各种环境的生活技能和社会技能。

日常生活中，你是否真的接纳自己的孩子，你是否羞辱过他，你说教孩子、体罚孩子的时候，有想过爱是相互尊重的吗？

你说你很爱孩子，但你表达出来的态度和语言能让孩子感受到你的爱吗？你是否经常说“如果你再这样我就不要你了”，或者“如果你表现得好，我就奖励你”……如此，孩子并不能感受到你的爱是无条件的。

大量的家长告诉孩子：你只需要把学习成绩搞好就行了，其他的事情你都不用操心。可是，孩子的生活不应该只有成绩，他们需要掌握各种各样的技能，他们需要学会与人相处，他们需要有面对困难和挫折的勇气。

为什么说无条件的爱会这么重要？对孩子而言，父母给予的爱是安全感的重要来源，而安全感是人类天生的需求。按照马斯诺需求层次理论，安全感是人类所追求的，仅次于生理需要的基本需求。只有在安全感有保障的前提下，孩子才会建立家庭的归属感，进而产生价值感。

实际上，对我们人类来说，大脑首先考虑的是生存需求，也就是首先考虑是否安全，只有在安全有保障的前提下，大脑才会安心地去学习、思考、推理。有的父母说，现在是和平年代，孩子都在家里和学校，哪里有什么不安全的环境？这里的安全是大脑感知到的安全，是心理层面的，并不是表面上的。

有安全感的人就像在大海航行的军舰，它知道后面有安全的港湾，它敢于去探索，敢于去开拓。相反，没有安全感的人会变得不自信，他们没有胆量去尝试。与此同时，他们会奋力寻找安全感。在寻找的过程中，很容易会运用一些错误的方式，而这些方式正是父母所说的各种问题。

为什么大量孩子沉迷于网络不能自拔？很多时候是因为他们在家里得不到父母的关爱，感受不到归属感，而在虚拟的网络世界里，孩子可以得到他想要的东西。为什么孩子会叛逆？因为他们从父母身上找不到关爱，找不到尊重，他必然会用反抗的方式来捍卫自己的安全感。为什么孩子会早恋？除了青春期荷尔蒙的因素，更多时候是他觉得有一个人比他的父母还要爱他、欣赏他、尊重他。孩子为什么厌学？很多时候是因为他在学习上充满挫败感，失去了信心，厌学是为了内心的平静，以便寻求内心的安全。

如果你的孩子已经成为你所说的问题孩子，那么他很可能缺乏家庭的归属感和内心的安全感。而这些问题，都需要你首先去重新思考一下自己爱孩子的方式。我相信，只要你参考了以上几点，去改变自己爱的方式，孩子一定会发生显著的改变。

当然，在爱的含义中，我也需要跟大家特别解释或者分享一下这四个层面的“爱”。

第一，爱就是要完完整整地接纳孩子。

孩子身上有缺点，自然也会有优点，孩子有好的情绪，自然也有不好的情绪，这都很正常。大家都是这样的，不管好坏，这些都属于孩子。你不应该只关注不好的一面，而忽视孩子其他的方面。

孩子已经出现问题了，不管你接纳还是不接纳，不管你愿意还是不愿意，问题已经发生了，你不能因为目前的问题，就去全盘否定孩子。我们爱孩子就是要在完全接纳孩子的基础上，发自内心地欣赏孩子，积极地寻求解决问题的办法，帮助孩子解决目前的问题，引导孩子往积极的方向发展。

第二，爱是需要表达出来的，是需要让孩子感知到的。

多数父母通常不会主动表达出自己对孩子的爱。有的家长跟我说，父母哪有不爱孩子的？父母爱孩子是天经地义的。可问题是，大多数父母从来都没说出来。你不说出来，孩子不一定会知道呢！

有的父母从来没跟孩子说“爸爸（妈妈）爱你”。有人说，其他爱的行动不就可以说明一切吗？这句话也没错，但问题是孩子的解读能力还不够，你的行动孩子很可能感知不到。而且，很多时候，我们的行动方式、说话方式往往让孩子感觉到的是指责，而不是爱。比如，孩子有时候睡得晚，妈妈跟孩子说：“赶紧睡觉，明儿还得早起呢，等下上学又迟到。”你看，这句话是关心孩子健康，早睡早起，初心很好，但是孩子感受到的是：“哦，你是怕我迟到才催我的。”若换成“儿子，早点休息，妈妈担心你休息不好”，孩子就会感知到关心。

所以，爱就要大胆明确地说出来。爱孩子，只要你说出来，让对方感知到，就成功了一半。

第三，爱是平等的，是相互尊重。

有的家长说：“老师，你别逗了，自古以来都是父为子纲，从来都是儿子尊重爸爸，爸爸跟儿子哪里来的平等。”这种观念在当下的家庭中仍然存在。孩子整天听到的都是自由、民主、平等这些理念，你非要逆着环境来干，结局自然就不可能是你想要的。

我们应该尝试用新的理念去面对孩子。孩子尚未成年，他的身体、能力本身就相对弱小，再加上社会环境的熏陶，孩子很清楚自己和父母是不平等的，这是人的一种天性。当你能够给孩子平等和尊重的感觉时，孩子会更尊重你，会更听从你的话。

时至今日，我依然记得我小时候，爸爸单位集资买房子，爸爸问我：“你也是咱们的家庭成员，你觉得咱们是买二居室还是三居室呢?”听了这话，我内心当然感到无比激动，爸爸竟然会在意我的想法，这实在是太令人兴奋了。我记得后来我是这么说的：“我觉得三居室好，但是还是看爸爸妈妈的意思吧，我都行。”

只有真正的爱、正确的爱，才能赢得孩子。记住，只有当你跟孩子有足够好的亲子关系时，你才有机会去影响孩子，而孩子，才更有可能听你的。

第四，爱是理解和同情。

很多时候，父母不善于表达自己的爱，而一出口，就又变成了说教和指责，进而引发新的冲突。为什么会出现这样的情况呢？这是因为父母并没有掌握正确的爱的语言。什么是爱的语言呢？就是我们说的理解与同情。相信你一定听说过“同理心”这个词，它指的是站在对方的角度去思考，尽可能去理解对方的处境，与对方产生共情。实际上，很多大的企业，都具备这项能力，他们总是能够站在用户的角度去思考问题，尽可能去理解客户，因为只有这样，他们才可以真正赢得客户。如果你是某个服务型企业的员工，你一定会明白，你的成就一定是建立在对用户的深度理解上。

对孩子来说也是一样的，只有你站在孩子的角度，跟孩子产生共情，发自内心地理解他们，这个时候，孩子才会感受到你的爱，通过你的理解，通过你的共情，孩子会感动。此时，你才可以真正赢得孩子，让孩子跟你合作。

2. 恰当的教育

有的父母会说，无条件的爱岂不是成了骄纵了，那不是把孩子彻底惯坏了？请注意，爱是不需要条件的，但爱是有边界的。

什么叫边界，就是得让孩子有规则意识，孩子得清晰地知道什么可以做、什么不能做，培养孩子的能力和信心，而这些需要家庭给予恰当的教育。

父母们应该明白，孩子最终是要离开我们的走进学校、进入社会的。在未来，孩子只能自己去生活，就像篮球运动一样，最终上场拼搏的是孩子，不是父母。

那么，作为父母，你能做什么？你啥也做不了，你不可能替他上场。但是，如果你想成为合格的父母，你应该充当教练的角色，提供必要的指导和鼓励，未来怎么走，真不是你说了算的。明白了这点，你就知道在孩子走出家庭前，父母需要教会他们必要的人生技能和社会技能。你需要培养孩子的责任心，让孩子知道未来的生活是他自己的事，他需要为自己负责；你需要培养孩子的价值感，让孩子感知到自己是有价值的，是有能力的；你需要让孩子学会如何与人相处，如何跟人合作。而这些，正是父母留给孩子最大的财富。

前文提到过，人一生当中不可避免三种问题：生存环境问题、社会关系问题和两性关系问题，为了让孩子更好地适应未来的社会环境，父母需要在孩子成长的过程中，去培养、训练孩子以下几种能力：

（1）对自己责任的感知力。孩子需要清晰地知道自己的责任是什么。

（2）对自己价值的感知力。孩子知道自己是有价值的，在集体中，自己是被需要、被认可的。

（3）对自己能力的感知力。孩子知道自己是有能力的，是可以通过努力去实现很多事情的。

如何帮助孩子训练这些能力，在后文我们会教你一些方法，比如“鼓励”“给孩子选择”“倾听孩子”等。这些“方法”只是帮助父母更好地教育孩子，但使用这些“方法”的前提是父母得知道这里面的本质和核心。只有我们知道了本质，你的所有教育行为才会转向积极的方向。

举个例子，就拿学习这件事情来说，父母首先需要让孩子清楚，学习是他的事情、他的责任，父母只是在友善地提醒和辅助。我曾经辅导过一个高中的孩子，这个孩子高二开始就对学习失去了兴趣，在此，我大概回忆一下我和孩子对话的过程。

我：“你现在要是不上学了，有没有什么你想做的事情？”

孩子：“好像我现在啥也干不了，但是原先的理想是当个医生来着。”

我：“很好啊，那你预想一下怎样才能当上医生。”

孩子：“那起码得上医学院吧！”

我：“你估计你现在距离考上医学院还差多少？”

孩子：“其实吧，我的成绩现在虽然差，可是我感觉如果多花点心思应该可以赶上来，毕竟现在也才高二。”

我：“你愿意花心思吗？”

这时候孩子兴致来了，他说：“我也不是说没心思，只是因为荒废的时间有点久了，所以越来越学不进去了。要是去报个辅导班，从最基础的开始，再努力一些，我觉得应该可以。”

最后，我说：“我看你思路很清晰，我觉得你一定可以。反正，学或者不学，你都可以自己做主，这是你的权力，谁也无法控制你的想法，只是说，尝试着去努力一下，也许会有更多的选择。”

后来听他的妈妈说，自从孩子的目标清晰后，通过辅导班的辅助和自身的努力，第二年高考成绩也还不错，考上了一所医学院。

你看，我跟孩子说了什么，我只是给他选择，让他决定自己的人生。有的家长说：“老师，我们要是不去管他，万一他真的就不上学了，那不是彻底完蛋了吗?”这种担忧没什么错，但是，你管孩子，对孩子说教，真的就能让他爱上学习吗？你可以控制他的身体，但很难控制他的思想。

学习这件事本身并不容易，在孩子成长的过程中，学习本来就是一件有难度、有挑战性的事情，如果父母不能把学习的责任交还给孩子，孩子就很难把学习搞好。因为，没有人会为了别人的需求而努力，更何况是学习这种有挑战性的事情。

所以，我们必须换一种方式，去鼓励孩子，去引导孩子，帮助孩子更清晰地认识自己，找到自己的目标。实际上，你以为孩子不想上重点学校吗？你以为孩子不愿意考个好大学吗？他们只是在学习这件事情上失去了信心，在学习上，他们找不到感觉，没有感受到成就感，日益增加的挫败感让他们选择了放弃，他们不清楚自己要的是什么，只是因为父母才不得已继续待在学校。但是，只要你能给他们选择，让他们看到希望，让他们知道什么是对的、什么是好的。

当然，扭转孩子的行为并不容易，作为父母，我们需要去鼓励孩子，通过学校、社会、其他组织帮助孩子重获信心。从最小的，最简单的开始，通过一个又一个小胜利让孩子感觉自己是有能力的，是有价值的。

父母真正要做的，就是不要放弃，要鼓励孩子，通过言传身教，让孩子积累一个又一个小成就，让孩子重获信心，训练孩子的能力，让孩子拥有价值感。父母们要始终相信，孩子就像是一颗橡树的种子，他天生就具有成为参天大树的属性，他需要的是肥沃的土壤（无条件的爱）、和充沛的阳光（恰当的教育），有了这些，父母要做的就是放手，让孩子自由地成长！

在培养孩子信心和价值感的过程中，同样需要引导孩子遵守规则。孩子需要有一定的边界。社会环境有很多约束和限制，作为社会人，我们需要遵循一定的社会规则，因此孩子需要去适应环境，需要学会在道德和法律的边界内行事。

作为父母，我们自然懂得很多成年人的规范标准和价值观，但是孩子并不懂，所以，我们需要帮助孩子理解这些标准和价值观，教育孩子要有底线。当有些叛逆的孩子做出出言不逊、破坏公物、伤害他人、破坏诚信，甚至有违反法律等不良行为时，父母需要坚定地说“不”。当然，这里说的“坚定”是和善的，是有爱的，是需要一定的方法的。正确的做法，是我们只陈述事实，不对孩子的价值观进行评价。

举个例子，有一个妈妈带着儿子来找我咨询，当妈妈在玩手机的事情上提到孩子很不诚信，这时孩子立刻就怒了，吼道：“我什么时候不诚信了？你不要血口喷人！”你看，当亲子关系很差时，一点点的“火花”就可能引爆一场“战争”。妈妈说孩子不诚信，就是对孩子价值观进行赤裸裸的评价。任何一个人都不喜欢别人说自己的不是。

那么，正确的做法是什么呢？妈妈可以这么说：“儿子，你看妈妈之前跟你约定好的是每天玩半小时，但是昨天晚上，你从晚上七点一直玩到十一点，你看，妈妈觉得这件事情上你可能做得不对，你觉得呢？”

如果你用和善的语气去跟孩子交谈，我相信孩子是有判断对错的能力的。他当然知道这种就是不诚信的行为，但绝对不想听到从你的嘴里说出来。

生活当中会有各种各样的情况，需要家长掌握一些说话的技巧。更重要的是，孩子执行规则的前提是你跟孩子有良好的亲子关系，你需要尊重孩子，感同身受地站在孩子的角度去理解他们。孩子更愿意听从信任他们、理解他们的父母。

总之，孩子真正需要的是无条件的爱和恰当的教育，这两者是相互辅助的，只爱不教育很容易变成骄纵，只教育不爱就变成了控制。

我很喜欢一句话：教育孩子，我们要做到温柔而有边界。做到这点说难也难，因为人的习惯很难改，但说容易其实也很容易，只要你转变一下自己过往的观念就可以做到。因为，一个人的行为是受到内在的信念和态度决定的，一旦你认定一个人是坏人，你会将其很多方面往坏的方面去想。同理，一旦你认为一个人是好人，他做的很多事，你都会往好的方面去想。

第二章 CHAPTER TWO

父母观念的转变（态度篇）

当你知道了孩子究竟是如何学习成长的，知道了孩子成长过程中真正需要的是什么，你也知道了孩子之所以出现各种各样的问题，是因为他们在追求归属感和价值感的过程中，选择了错误的方式，他们有了错误的认知或者错误的信念。这时候，父母需要做一些事情去改变孩子的认知，改变孩子的信念。作为父母，我们必须得做一些改变，才能让孩子目前的状况有所改善。你不能用原来的老套办法行事，然后又期待孩子有积极的新变化。

想要孩子变得不一样，变得更好，父母的变化不仅是日常教养方式和相处方式上的改变，更需要从本质上改变自己过往的教育观念和教育态度。一些专家认为，只要学会跟孩子交流的语言，把这些语言背下来，然后跟孩子重复地说，孩子就可以改变。实际上这很难，每一个孩子的情况不一样，不能一概而论，有时候有些做法甚至会有反面的效果。

孩子的感知能力特别强，如果你的态度和观念并没有改变，而只是简简单单行为上的调整，那么孩子很容易就会从你的表情、眼神中察觉，而一旦孩子察觉到你的虚伪，他们就很难再相信你了。

在咨询的过程中，有的父母提到“当表扬孩子的时候，孩子好像很抵触”，这很可能是因为之前恶劣的亲子关系让孩子很不适应，或者是因为父母的表扬不够真诚，或者是孩子感受不到父母的真诚。

在教育孩子这件事情上，我们究竟应该做出哪些观念上的改变呢？

我认为，主要是三个方面：第一，你跟孩子相互关系的转变；第二，父母关注点的转变；第三，整体心智的转变。很多父母其实也知道自己做得远远不够，然而根本不知道该从哪些方面努力，只知道确实应该对孩子好，可是又不想骄纵孩子，每次让孩子执行规则、跟孩子说教的时候，孩子非常抵触，甚至会奋起反抗，结果造成新一轮的冲突。与此同时，有的家长说：“很多时候我们也想平心静气地说话，但就是控制不住自己的情绪，忍不住又对孩子进行责骂甚至怒吼。”

想要解决这些问题，我们首先需要转变自己的观念，知道教育孩子究竟是怎么一回事儿，这就需要一个整体的思路和方向，只有这样，我们才不会在教养过程中走弯路。

通过第一章的内容，大家对孩子的世界有了一定的了解，也对孩子的教育有了一定的认识。不过，即使大家知道那些说法是对的，但也未必能真正地做到。其原因很简单：“知道了那么多的道理，却依然过不好这一生。”实际上，很多父母都听过或学过关于孩子教育的知识或信息，也知道很多科学的教育方式，但是，真正遇到情况时，他们依旧采用自己原先的做法。为什么会出现这样的情况呢？因为这些知识和信息，还没真正进入父母们的大脑，没有形成父母们的内在信念。

要知道，信念与观念都是在长期生活过程中逐步形成的，我们对自己所持有的信念非常笃定，我们拥有怎样的审美，持有怎样的世界观，这些都属于信念的一部分，而这些是很难改变的，这也是前面提到过的孩子的错误行为背后有隐含的信念。

当然，不仅是在孩子教育方面，在生活和工作中，你一定听过或者见过各种各样的道理、名言警句、前辈传授、专家理论，但是真正能够被你认可，并落到实处的却微乎其微。

举个例子，几乎所有人都知道天道酬勤这个成语，那么为什么还会有那么多懒惰拖延的人？我们都知道“二八法则”，为什么我们总是想面面俱到呢？我们都知道倾听是沟通交流的关键，可是我们仍然会打断别人说话；我们都知道好好学习更有机会考上好大学，可我们还是很难全身心投入；我们都知道努力工作可以有更美好的生活，可为什么我们总是想偷懒；我们也都知道，想要减肥得管住嘴、迈开腿，可是怎么也坚持不下去……类似的例子实在太多了。要说成功的经验，我们可能少之又少，但是涉及失败，每个人都是“专家”。这究竟是为什么呢？

心理学有一个概念叫“心理舒适区”，简单来说，就是我们对待世界最熟悉、最常用的应对方式。这种应对方式是从我们出生、成长、学习、工作中逐渐养成的经验和规则。比如，受到批评，有的人坦然接受，有的人伤心难过；遇到了挫折，有的人一蹶不振，有的人认真研究问题出在哪里……不同的人，会有不同的心理舒适区，没有好坏之分。

那么，心理舒适区究竟有什么魔力，让我们不自觉地适应它，明明想要改变，却总也改不了呢？简单来说，心理舒适区带来的最大魔力就是控制感。控制感是自我决定理论中自主权和胜任力的来源，每个人都有控制感，人们内心都希望事物在自己的掌控范围内，也就是在心理舒适区内。

如果一个道理、一个名言警句，或者其他新的经验体验刚好处在我们心理舒适区外，想要应用新的经验和体验，就必然走出心理舒适区。这个时候，我们会感觉到不适应，会感觉到焦虑，这些最终会把我们拉回心理舒适区。而这个拉动的力量叫“心理免疫系统”，或者叫“焦虑系统”，这个系统围绕在我们心理舒适区的最外围边界。当你想走出心理舒适区的时候，焦虑系统就开始发挥作用，让你回到原来的处理方式。因此，即使你知道了某一个道理，但是由于受到“焦虑系统”拉力，只能回到原点，回到原先的行为方式。之所以很难走出心理舒适区，主要是有以下三个方面的原因。

第一，大脑的信息量超载。我们处在一个信息大爆炸的时代，身边有太多的信息、诱惑让我们的大脑关注着新的东西。在信息匮乏的年代，一个名言警句可以受用一生，然而，现在的名言警句、励志故事反而成为人们不屑一顾的“鸡汤”。人类不同于其他动物，人类天生就有好奇心，天生就对新的事物感兴趣，而在这个信息大爆炸的年代，我们拥有了源源不断的信息来源，自然而然不会去深入关注已有的信息。

第二，消极过滤。当我们学到一个新知识，听到一个新观念或者看了一本新书的时候，其实都是在和心理舒适区内已经存在的成见、知识和固有的习惯、方法对抗。通常情况下，固有的会战胜新有的。

第三，缺少跟进。一个新观点、新方法如果没有落实到行动，那么它永远只是新观点和新方法。没有跟进行动，就无法刺激到我们的大脑，无法让我们负责这个事情的大脑神经元连接在一起，当然就无法成为我们大脑处理问题的常用方法。

关于大脑神经元连接的说法，科学家已经有了证实。脑科学家将球场上的篮球筐提高或者降低一定的高度，然后让 NBA 球员投篮，试验发现投篮命中率居然降低了 50%。这是为什么呢？其实，球员在长期训练与比赛的过程中，负责投篮的大脑神经元以及躯体神经已经完整地连接，他们投篮的动作、出手时间、弧度早已形成固定套路，一旦改变篮筐高度，他们的固定套路基本就失效。

走出心理舒适区这么难，难道我们就一点办法都没有了吗？难道我们在教育孩子的路上只能维持原状了吗？当然不是，自有科学的方法教你一步步改善。

到目前为止，相信各位父母对孩子以及孩子的教育有了全新的认识，也想改变现状。那么，首先要做的就是态度的转变。俗话说得好，态度决定一切，如果你想改变自己的教育方式，那么首先要改变你在孩子心中的印象。要知道孩子的解读能力虽然较差，但是感知能力是非常强的。如果你的态度和行为不一致，那么孩子可以从你的眼神、语气、表情轻松地察觉到，最终你的努力将功亏一篑。

相互关系的转变

当父母因为孩子的问题寻求帮助的时候，我们发现，问题虽然多种多样，但有一个共同点就是亲子关系非常糟糕，他们的关系中充满了怨恨、无助和惆怅。经常听到家长说："这个孩子不知道怎么了，说什么也听不进去。"无论父母怎么说，孩子总有反驳的理由。

举个例子，我的外甥十四岁，很聪明，思维非常清晰，讲起话来头头是道，分析事情有条有理，你说一句，他有十句等着你，他觉得自己什么都懂。但眼看就要中考了，他还是整天抱着手机玩，不好好学习。我姐姐因为孩子的事情非常焦虑，根本不知道如何是好，孩子这么大了也不敢打骂，同村的一个小孩正是被父母打骂后离家出走。

我想，类似我外甥这种情况数不胜数，家长也不知道该如何处理。当时，姐姐问我她应该怎么办，我问了她一句："你觉得你跟孩子的关系怎么样?"姐姐回答："那肯定很差啊!"我说："那如果你跟一个人关系很差，你愿意跟她多说一句话吗？你愿意跟好朋友谈心，还是愿意跟这个人谈心，现在先想办法修复你们的亲子关系。"姐姐也确实按照我说的去做了。现在，姐姐与我外甥关系融洽，且我外甥已经考上了当地的重点高中，据说学习成绩还不错。

当我们想要解决孩子某一个问题的时候，能否先观察一下自己跟孩子的关系，孩子是否会跟你推心置腹？一天当中，你全身心陪伴孩子的时间有多长？孩子犯错时，你对他是怎么说的？孩子成绩不好的时候，你是怎么对待他的？他的感觉好吗？

如果你没有让孩子感受到你无条件的爱和接纳，给予他们足够的安全感，如果你没有通过赞赏给予孩子价值感，没有花时间和精力去陪伴他们，给予他们爱，反而经常在孩子耳边苦口婆心地唠叨“我这么做都是为了你好”，你觉得孩子能相信吗？能发自内心地接受吗？

有的家长说：“我除了上班，其他时间都给了孩子，还要怎样陪呀！”时长够了，那时间质量呢？你陪伴的时候是全身心的，还是心不在焉的？你是享受与孩子在一起的快乐时光，还是心情烦躁，三心二意呢？

在和孩子沟通的过程中，很多家长都会跟孩子说：“这次考试你取得了好成绩，你真是一个好孩子。”殊不知，这句话的潜台词是告诉孩子，如果考不好，就不是好孩子。孩子就会认为，考好了妈妈爱我，考不好妈妈就不爱我。正是因为类似这样的潜台词在我们教育的过程中太频繁了，让孩子根本就不愿意跟你相处，即便是偶然的听话，也只是为了讨好你而获得他想要的东西。有的父母说，只要他好好学习考上大学，即使关系再差也没关系，我们是为了他好才这样的。这种想法是极其错误的，上大学只是人生的一个阶段而已，并不是孩子人生的全部。

很多时候，我们只是关心孩子飞得高不高，而并没有在意孩子究竟累不累，要知道，拿高分考大学是很重要，但更重要的是我们要让孩子有一个幸福快乐的人生。而想要拥有这样的人生，孩子需要学会很多的品质，这些品质绝大多数都可以从父母身上学到。他们可以从你身上学会如何跟人沟通，也可以从你身上学到如何用暴力去控制别人，而这些很大程度上取决于你跟孩子的相处方式。

良好的亲子关系是家庭教育的基础

亲师的前提是信师。父母是孩子最好的老师，只有亲师，师生建立了良好的关系，才有信任，孩子才能愉快地接收老师传授的知识，接受老师的教育和引导。只有当孩子愿意跟你推心置腹的时候，你才有机会影响他们的行为，对你来说，唯一能起到作用的就是你和孩子的关系。这并不是说你要做个老好人，而是你可以利用你作为成年人的权威、智慧和影响力去跟孩子建立良好的关系，从而帮助他们。

我们经常发现有的孩子因为喜欢某学科的任课老师，所以该科目的成绩良好；当然也有孩子因为讨厌某位老师，而学不好该学科的情况。关系是教育的基础，没有良好的关系就没有基本的信任，其他一切根本无从谈起。“关系第一，教育第二，”如果你明白了这个道理，就别再去纠结孩子听不听话的问题，而应该考虑如何与孩子建立良好的关系。

良好的亲子关系是孩子幸福感的来源，父母都希望孩子将来可以幸福。只不过大多数的父母都走进了一个思维的误区，他们认为只要想尽办法让孩子学习成绩提升，考个好大学，最后找个好工作，他这一生就幸福圆满了。至于其他的人际关系、兴趣爱好等，都不重要。

孩子学习成绩的提升固然重要。但更重要的应该是孩子情感和心理的发展，因为这些才是幸福的来源。在当今社会，一些人误把金钱、财富当成幸福的指标，要有钱，要有学历，要有社会地位。事实上并非如此，大量的社会精英未必幸福，因为幸福本身与财富和学历无关，而与幸福的感知力有关。

教育本身的目的，是要培养一个感性和理性相融合的人。这样的人，无论将来从事什么样的工作，处于什么样的阶层，他们都会有幸福感。而一个人的幸福感，最初就是在家庭中培育的，被父母认可而生发价值感，被父母接纳而滋生幸福感和归属感。那些与父母关系和谐的孩子，即使一生平凡，依然幸福感满满。那些与父母关系紧张的孩子，即使成就斐然，依然充满了遗憾。

成功与幸福并不矛盾，它们只是两种不同的概念。成功是外界大众的定义，是别人的看法，幸福则是自我的体验和感受。也就是说，你成不成功，别人可以看得到，但是你幸不幸福，只有自己知道。在亲子关系中，如果父母无法与孩子建立心理的联结，父母与孩子之间就极有可能不再发生任何实质性的和有效性的沟通，如果有这样的疏远和隔阂，那你教育孩子的时候，他怎么可能会认真听呢？与父母关系不好的孩子，他的学习成绩可能很好，也可能事业有成，但是疏远的亲子关系很容易就会成为他一生都无法跨越的鸿沟。

平等与尊重是良好亲子关系的基础

如果说，良好的亲子关系是家庭教育的前提和基础，那么平等与尊重便是良好亲子关系的基础。因此，想要教育好孩子，首先要建立平等与尊重的关系。实践证明，糟糕的亲子关系都有一个共同点，就是缺少相互尊重，父母的说教、指责、唠叨、苛责都直接指向了孩子的人格，更有甚者，直接对孩子进行了言语侮辱，毫不尊重孩子的感受，这不仅很容易破坏孩子跟父母之间的关系，孩子也很难从父母的身上学到尊重。

那么，究竟怎样才算是平等和尊重？真正平等、尊重的亲子关系应该是“资深司机、新手司机和汽车”的关系，家长是资深司机，孩子是新手司机，而生活是汽车。资深司机和新手司机都是人，是相互平等、相互尊重的，资深司机只不过暂时比新手司机有更多的开车经验、能力和技巧，所以，我们的家长也只不过比孩子具备更多的生活经验而已。

新手司机在资深司机的指导和帮助下，逐步掌握驾驶的技术和能力，家长的任务就是不断让孩子掌握驾驶生活这辆车的技能，总有一天孩子需要走出家门，独立生活，最终成为“资深司机”，平稳高效地驾驶生活这辆车。

然而，在现实生活中，绝大多数亲子关系更像是汽车和司机的关系，家长是司机，孩子是汽车，家长利用自身的权力把自己的意志强加给孩子，孩子没有主动性，父母驱使着孩子，想往左孩子就得往左，想往右孩子就得往右，让孩子在家长规定好的道路上前进。在这样的亲子关系中，家长往往会有如下的固有思维。

第一，司机是人，而汽车是物品，两者本来就不平等。

第二，汽车是司机买的，是私有财产，而父母认为孩子是我生的，当然归我管教。

第三，汽车是为司机服务的，很多家长希望孩子完成自己没有达成的人生目标。

第四，司机制订目的地和行车路线，很多家长要求孩子按照家长制订的目标和路线学习、生活。

第五，司机想在哪里加油就在哪里加油，司机想什么时候加油就什么时候加油，很多家长按照自己的意愿给孩子选择兴趣班和辅导班。

第六，汽车坏了，司机想在什么时候、什么地方修理，都由司机说了算，很多家长不分时间、地点，随心所欲地指责、批评甚至打骂孩子。

第七，汽车坏了，很多司机并不反思自己对汽车的保养是否到位，而是归咎于汽车的质量问题，当孩子出问题的时候，很多家长不思考自己的教育方法是否正确，而一味地责怪孩子。

在“汽车和司机”这种不平等的亲子关系下，一部分孩子会因为家长的权力不敢反抗，最终形成习惯，变得顺从听话，什么事情都不自己考虑，所有的一切都希望家长安排；另一部分孩子因为不想屈服于家长的权威，不断反抗，反抗的结果就是遭到家长更大的压制，青春期前就小毛病不断，之后出现早恋、网瘾、放弃学业等情况。车子坏了，我们可以换一部新的，但是孩子出了问题，我们能把孩子换成新的吗？

如果你不知道怎样才算是跟孩子有平等尊重的关系，那你可以把孩子想象成你的好伙伴，然后再回答下面几个问题。

1. 当你的伙伴在生活中做了错事的时候，你会惩罚他，羞辱他吗？你不会，你会理解他，原谅他，鼓励他，安慰他。

2. 当你的伙伴遇到困难的时候，你会无视他吗？你不会，你会想尽一切办法去帮助他。

3. 当你的伙伴作出某一个决定的时候，你会不顾一切地制止他吗？你不会，你会说出你的想法，并默默地支持他。

一旦你从平等和尊重的角度去思考你跟孩子之间的关系，你就会明白很多家庭问题根本就不是问题。

比如，如果你尊重孩子，那么你就不会对孩子批评、指责、贴负面标签、羞辱、说教等，如果你以平等、尊重的态度面对孩子，那你跟孩子的关系会越来越好。孩子呢？他们也会反过来尊重父母，更愿意听从父母的意见。

以下是常见的不平等、不尊重的行为：体罚、呵斥、批评、指责、羞辱、唠叨、忽视、情绪化、惩罚、使唤。比较难理解的是表扬和奖励，这两种其实也是不平等的行为，因为它们给人一种自上而下的感觉，是不平等的表述，其同等意义的“平等”应该是欣赏和鼓励。

关注点的转变

“无论你的注意力和能量集中在哪个方面，也无论这种注意力或者能量是消极的还是积极的，你都在吸引着它们成为你生活的一部分。”这便是心理学理论中的“吸引力法则”。吸引力法则不会因为你的不了解、不认同而转移。这看起来是一个很神奇的法则，但在现实生活中却客观存在。因为工作的需要，我经常跟学校的老师交流，我发现很多时候这些老师偶然间对某一个平时表现不那么好的学生说一句鼓励的话，比如，老师夸学生某个方面表现得不错，用一句话就可以鼓励孩子。且孩子的进步会从一个方面扩展到多个方面，各个方面都往积极的方向靠拢，这就是吸引力法则的魅力。

当你关注孩子积极方面的时候，孩子一定会去维护这个标签。要知道，你对孩子评价的内容，就是孩子努力的方向。当你表达孩子很诚信时候，孩子一定会从各个方面去维护自己诚信的标签。同理，当你总是表达孩子懒惰的时候，孩子虽然嘴上跟你反驳，但内心逐渐认同自己就是个懒惰的人。记住，在孩子眼中，你说的内容就是他们接下来要努力的方向。你关注哪里，哪里就会放大。

在教育孩子的过程中，如果你感到失望或痛苦，那你的方法就一定错了。至于错在哪里，无法一概而论，但是错误的背后一定是你关注的焦点有问题。你的注意力和能量集中到对事物无用的方向了。“不幸的家庭各有各的不幸，但幸福的家庭有着惊人的一致性”，如果你想在孩子教育过程中取得积极成果，你想解决孩子目前的问题，从今天开始，你要做的就是学着转移自己的关注点，不仅对孩子，对自己也一样。

对于家长来说，首先要解决的问题，是家长自身的焦虑。

从焦虑到放松

教育焦虑其实一直都有，那些“不要输在起跑线上”的家长，普遍受到了焦虑情绪的困扰。从买房子到选学校，从学校教学到课外班，从假期游学到出国深造，再小的事情都可能触发家长的焦虑。尽管相关部门、专家、媒体一再强调减负，“人生是一场马拉松，起跑线输赢不重要”，但仍然无法缓解家长的焦虑。

在实践中，我们发现大量的家长在孩子学习方面很焦虑。有的家长说：“孩子马上就要中考了，可是他好像一点都不着急，还是整天想着玩，这可怎么办呀?”有的家长说：“孩子考不上重点初中，就很难上重点高中，上不了重点高中就很难进重点大学，那他这辈子就完了呀!”这些想法其实可以理解，每个家长都希望孩子变得更好。可是，如果你认真分析一下，这些想法是很片面的，也太过于绝对了。谁说上了重点大学，孩子就一定会有一个好的未来？有高学历却不幸福的人有很多，学历低却幸福的人也有不少。

孩子有无限可能，也有无限潜力，成功的道路有无数条，本身就可以有更多的选择。当然对升学考试而言，你现在真正应该关注的是如何培养孩子对学习的兴趣，如何提升孩子对学习的信心，如何帮助孩子掌握科学的学习方法，提升学习效率，让他们从学习中找到成就感。

除了学习，青春期叛逆、网瘾、早恋等成长的问题，也进一步加剧了父母的焦虑。其实，所谓的焦虑是什么？本质上是现实与愿望的落差，正是这种落差让你感觉到了不安、担心等情绪。你希望孩子听话，结果孩子就是不听，你希望孩子好好学习，但孩子就是厌学，你用了很多办法都无效，现实和愿望的落差越来越大，你就越来越焦虑，越来越无所适从。其实，想要消除焦虑并不难，无外乎两种方式：第一，想办法降低愿望；第二，想办法提升现实。

“望子成龙，望女成凤”是天下父母的愿望，想要把这种愿望降低是一件很难的事情。未来是不可控制的，这个世界上能够被你控制的事情是非常有限的，你永远不知道来日和来世哪个先到。与此同时，过去的事情你也无法改变，后悔与自责起不到任何作用。大多数的人，他的心要么停留在过去，要么飞到了未来，那么请问：唯一能被控制的“当下”到哪儿去了？

所以，你当下能做的就是，从现实出发，看看哪里可以提升，着眼于改善而非尽善尽美。孩子玩手机的时间太长，能否想办法先减少一点点的时间；孩子厌学，能否先从培养兴趣开始。一步步改善，一步步提升，这才是正确的方式。然而，在实际教养过程中，一些家长因为不恰当的教育方式反而导致了相反的结果。你希望孩子听话、好好学习，但孩子却越来越叛逆，厌学情绪严重；你希望孩子能考一个重点高中，但孩子的成绩始终上不去；

你希望孩子戒掉网瘾，但孩子却愈发沉迷。

之所以会感觉到现实和愿望之间的落差越来越大，焦虑情绪越来越严重，核心的原因就是你的方法错了。只要你掌握正确的方法，你会发现孩子的情况会变得越来越好，你的焦虑感会自然而然地消失。而我们要做的，就是让你了解更多教育孩子的方法，帮助你掌握教育孩子的各种思维模型，提升你教育孩子的能力和效率。

“如果你手上只有一个锤子，那么你看全世界都是钉子。”如果你的手段只有一种，那么你解决问题的时候，只能套用你目前的手段。在教育孩子的过程中，一些家长没有科学的方法，只能把自己的成长经验、对社会的看法和其他人的建议当成主要的教养方式，结果可想而知！因此，从现在开始，放下焦虑，放松自己，从现实开始，一步步去改善，无须停留在过去，只要你掌握了教养孩子的方法，你就拥有了打开孩子心灵的钥匙，可以轻轻松松地陪伴孩子学习、成长。

从“为他好” 到“对他好”

“为他好”似乎已经成为父母的口头禅，一些父母以“为他好”的名义，却在“好心办坏事”。因为“为他好”，所以在写作业这件事情上大喊大叫，甚至体罚孩子。要知道写作业是他自己的事情，是他自己的责任，你的所谓“为他好”不仅让孩子感受不到爱，还要分散孩子大部分精力用来应对你的情绪，孩子怎么可能把作业写好？

因为“为他好”，所以在孩子犯错误的时候，父母要让他受到相应的惩罚。要知道犯错误的时候，父母是孩子最好的学习时机，你的惩罚只会让孩子学到“下次我得小心点，不能被抓到!”

因为“为他好”，所以在孩子有网瘾的时候，父母摔手机、断网线、斥责批评。要知道，孩子沉迷网络游戏很可能是因为在现实生活中得不到归属感和价值感。

因为“为他好”，所以在孩子错过了吃饭时间，父母为其另行加餐。要知道，一两顿饭不会引发孩子的健康问题，但是吃饭是孩子自己的责任，他需要为错过饭点而承担后果。

因为“为他好”，所以父母替孩子在课余时间安排了大量的补习班。要知道，孩子的想象力和创造力都是在玩耍中培养出来的，而且，孩子的成长是极其复杂的过程，不是注入一些简单的初始“参数”就可以实现你想要的目的。

大量“为他好”的陷阱，让孩子感受不到父母的爱，失去了内心的安全感，孩子也感知不到自身的责任和价值，孩子没有自信，总是着眼于外在的评价和他人的看法而失去了自我的判断。“为他好”陷阱，无法让孩子形成健康完整的自尊体系，因此大家需要转换思路，完成从“为他好”到“对他好”的迁移。

孩子是一个精神胚胎，他天生就有成长的属性，他会从外部环境学到各种各样的生活技能和思考方式，同时需要父母无条件的爱和恰当的教育。而这“无条件的爱”是土壤、阳光，是一切成长、一切教育的基础。要知道，父母所给予的爱，是孩子内心安全感的初始来源。许多父母可能有一个错觉：父母越爱孩子，孩子就越依恋他们。但是，真实的情况是：父母越爱孩子，孩子越不依恋父母。因为生活的经验告诉孩子，父母是爱他的，这种经验同时告诉他，父母只是暂时地离开。那种持久的爱让孩子知道，不管父母到哪里，做了什么，爱是稳定不变的。

不缺爱的孩子，他们便有了内心的安全感，他们不再试图索取，他们会把注意力放在自我发展上，他们勇于探索，敢于尝试，积极学习新的技能。在陌生的环境中，有安全感的孩子可以更快速地适应环境，他们独立性强、思维开阔、乐观自信、解决问题能力强，更乐意去参与集体活动，有合作意识。请问，让孩子拥有这样的品质不就是我们苦苦追求的吗？因此，父母要做的就是“对他好”，让孩子感受无条件的爱。

面对孩子的成长问题，父母并不需要太过于担心，只要你能从现在转变自己爱的方式，孩子是一定可以感知到的。由于你的转变，孩子一定会作出相应的调整，这也是必然的过程。孩子需要调整自己的应对方式，才能更好地适应环境。否则，很容易会陷入心理学所说的“认知不协调”，这是孩子所不能接受的。我们总是自以为是，觉得孩子什么都不懂，你以为孩子不想上重点学校吗？你以为孩子不知道打游戏会耽误学习、会损害视力吗？你以为孩子不知道顶撞父母是不对的吗？其实他们都知道的，之所以明知故犯，其实是因为他们缺乏内心安全感而迫不得已的补偿方式。而父母们现在最需要做的，就是给予他们缺失的爱和安全感。

从控制型到教练型

青春期的孩子在身体上逐步有了成年人的特征，身体逐步成熟，他们对自己的力量和能力有了一定的感知，他们追求权力，追求自己说了算的感觉，他们希望标新立异，渴望与众不同。但是，青春期的孩子在大脑和心理上尚未成熟，例如，他们负责认知和决策判断的额叶以及负责处理情绪的边缘系统需要在 25 岁至 30 岁才能发育完全。因此，这个时候的孩子最容易陷入困境，他们很难正确应对复杂的环境变化。

然而，很多父母并不了解孩子的真实处境，依然我行我素地按照之前的控制型教养方式去管控孩子，结果可想而知，大量的争执、自暴自弃以及厌学、网瘾问题在这类家庭中上演着。

事实上，你会发现，我们所有的管控似乎没起到作用，反而引发了更严重的问题。孩子身体的成熟已经让他可以感知到自己的力量，他具备了跟父母争执的精力和实力，他敢于跟父母以及其他人抗衡。有的家长发现在吵架过程中已经不是孩子的对手了，孩子的表达能力、辩论能力让很多家长措手不及。你明明知道他是错的，但是你说不过他，只能大吼大叫，用父母的权威去胁迫。如果父母想让孩子往好的方向发展，那么父母除了理解和无条件的爱，还需要给予恰当的引导，学会用教练的方式去引导孩子。

“三流父母是保姆，二流父母是老师，一流父母是教练！”教练是什么，教练会替球员上场打球吗？教练会管球员是用左手投篮还是右手投篮吗？教练会替球员领取冠军奖杯，或者替球员承担失误所造成的后果吗？当然不会。真正优秀的教练只做两件事情：第一，鼓励与激发；第二，引导与指引。

作为父母，你得明白，你不可能陪伴孩子一生，孩子未来是需要独立面对生活的，他需要自己去克服困难。因此，你只有把角色转换为“教练”，信任孩子，锻炼孩子的责任感，鼓励孩子、培养孩子的自信，引导孩子、教会孩子如何思考，才可以轻松地解决孩子的问题，帮助孩子在未来更好地成长。在下一章，我们会教你一套实用的教练工具，让你更有能力和技巧去应对孩子的成长，但使用工具的前提是你的态度得有所转变。

从关注缺点到关注优点

与孩子交流的过程中，如果百分之七十的内容都是负面的，父母都在关注缺点，诸如“不要这……”“不要那……”“跟你说过多少遍了……”“为什么这样……”“为什么那样……”“你这孩子怎么……”“再给你最后一次机会……”等，这些内容给孩子的感觉是禁止、指责、嫌弃、羞辱、讨厌等。试想一下，如果你的领导整天盯着你的缺点，指责你、嫌弃你、羞辱你，你会怎么想，你会怎么做，你极有可能反抗，内心充满了抗拒。

对孩子的问题而言，如果继续按照之前的关注角度，那绝对不可能解决孩子问题，家长必须要试着完成从关注缺点到关注优点的转变。当然，这并不容易，很多时候，孩子的行为，对父母的态度和暴躁的情绪，很难让父母心平气和。特别是面对孩子的吼叫、摔门等行为时，父母必然是备受打击、精神不振，会感觉到伤害和愤怒，以至于无法心平气和地面对孩子。大多数家长的脑海中，都会蹦出这么一句：“我根本就没有这样的孩子，怎么会有这样的孩子呢！”

可是，父母要明白一点：孩子，尤其是叛逆的孩子，他们的情商水平，或者说情绪管理能力，是相对低的，他们很难控制自己的情绪，也很难识别他人的情绪。所以，如果父母非要让孩子更好地自我觉察，更好地控制冲动情绪，那很抱歉，孩子真的做不到。

父母需要充分理解孩子情绪上的不成熟，理解他们失控的行为并不是有心的。其实，孩子是很爱你的，在我的从业经历中，见过各种叛逆的孩子，有的用恶毒的语言跟父母说话，有的拒绝上学，有的甚至对父母进行人身攻击，但是近乎所有的孩子都承认：他们是爱父母的，他们现在只是很无助，他们现在比任何时候都需要父母的关爱和认可，只是孩子一直被反锁在消极行为之中，导致他们懒得想办法向父母表达爱。

所以，真正可以让孩子转变的东西，就是父母首先转变自己的关注点，恢复孩子良好的形象，你要把这种坏孩子的形象从记忆中抹掉，想象一个令人欣慰的好孩子。事实上，只要你认真去分析，孩子身上仍旧有非常多的优点，他们善良、他们勇敢、他们天真、他们热情……只是你从来没有关注，你总是忽略他们的优点。要知道，没有一个人会拒绝别人的认可，也没有一个人喜欢别人天天说自己的缺点。被人认可、欣赏，是每个人天生的心理需求。这里再跟大家分享一个故事。

有一天，教育家陶行知在校园看到一个男生在打另外一个男生，立即上前制止了他，并告知其放学后到校长办公室。

放学后，打人的男生早早地来到校长办公室准备挨训。这时，陶行知走进来，一看到这个男生就掏出一颗糖递给他，说："这是奖给你的，因为你早早地在这等我，而我迟到了，说明你很守时。"

男生惊愕地接过糖果，诧异地看着陶行知。这时，陶行知又掏出一颗糖递给了他，说："这颗糖也是奖励给你的，因为我不让你再打人的时候，你立即就住手了，说明你很尊重我，我应该奖励你。”

男生更加诧异了，他不知道校长到底想干什么。

这时，陶行知又掏出一颗糖放到他的手里说：“我调查过了，你之所以打那个男生，是因为他们不守游戏规则欺负女生，你打他们说明你很正直善良，应该奖励。”

男生听了非常激动，说：“校长，我错了，我不应该打人，下次我可以试着跟他们沟通，不一定非要打人。”

陶行知满意地笑了，又掏出一颗糖给了男生，说：“你能正确认识错误，而且学会了以后遇到同样问题时候的处理办法，所以这块糖也得奖励给你，你可以回去了。”

请问：在故事中，这个打人的男生感受到了什么？学到了什么？

陶行知先生始终都在关注优点，并且将其不断放大，甚至就没有指出缺点，但是起到的教育效果是不可估量的。这个打人的男生，也许从此成为一个守时的人，也许成为一个懂得尊重他人的人，也许更加正直、善良，也许懂得了遇到问题可以有不同的解决办法……而这一切正是在正面强化的作用下，成为可能。

在日常生活中，父母总是吝啬于自己的赞赏，有的家长甚至觉得表扬会让孩子骄傲，总是关注孩子的缺点，那么必然会给孩子带来负面的影响。要知道，每个孩子的身上，都有优点和缺点，如果你关注优点的部分，那么优点部分会不断放大，让缺点没有生长空间。同样，如果你总是关注缺点的部分，那么缺点部分也会不断地放大。“无论你的注意力和能量集中在哪个方面，也无论这种注意力或者能量是消极的还是积极的，你都在吸引着它们成为你生活的一部分”，心理学中的“吸引力法则”也证明了这个道理。

因此，从现在开始，做个成熟的大人，忽略孩子的失控行为和情绪，用心把你对孩子的关注点从缺点转移到优点。

整体心智的转变

如果把人比作是一台复杂的机器，行为是这台机器输出的结果，那心智模式就是驱动机器的底层程序。父母想让孩子往好的方向发展，不仅需要改变自己的教养方式，而且需要心智模式的有效转变。

什么是心智模式呢？孩子有内在的秩序或认知，他会以内在秩序或认知去理解外部世界。古希腊哲学家爱比克泰德说：“人不是被事物本身困扰，而是被关于它们的意见所困扰。”一件事情怎么影响我们，不取决于这件事情是怎么样的，而取决于我们怎么去想它。

每遇到一件事情，就会有一个想法。这些想法看起来杂乱无章，但如果把这些想法汇集起来，你就会看到，它们是有规律的。有的人想得乐观些，有些人想得悲观些；有的人习惯从外部找原因，另一些人习惯从自身找原因；有些人习惯想问题是什么，另一些人则习惯想办法是什么。这些习惯性的思维，我们称之为心智模式。心智模式也是我们“组织和加工”世界的方式。不论是父母还是孩子，心智模式对我们来说都十分重要，它决定了我们会如何面对挫折和失落，以及在这个过程中，我们会如何评价我们自己。

心智模式在以下两个方面起着非常重要的作用。

第一，它塑造了我们的经验，影响了我们的情绪。

同样的半杯水，有些人看到的是“只有半杯水了”，所以很焦虑，另外一些人看到的是“还剩半杯水”，所以很开心。心智模式让我们对同样的事情有不同的解读，并产生不同的情绪。对孩子而言，同样都是考试失利，有的孩子觉得失败只能说明自己还不够努力，学习方法还不够好，而另外一些孩子会觉得考试失利说明自己不是学习这块料。不同的心智模式，孩子们会有不同的想法。

第二，引发行动。

我们的情绪、思维和行动是一体的，积极的思维经常会通过激发有效的行动，来验证它本身的正确性。

如果你觉得一件事情你可以应付，你就会想尽各种办法，全力以赴，最后，这件事情果然做成了，这便加深了你“我能应付”的信念。这是一种积极的循环。反之，如果你觉得自己做不到，你可能就会拖延、想退路，为自己做不到找借口，最后这件事没有完成，这也会加深你“我做不到”的信念。这是一个消极的循环。孩子也是如此，如果孩子觉得某个学科很有趣，他会加强这门学科的学习，最后发现这门学科并不难；反之，如果孩子不擅长某个学科，他就会挑剔、排斥，最后孩子果然在这门学科表现得不好。

不论父母还是孩子，心智模型可以大体分为两类：一类是积极的成长型心智模型；另一类是消极的防御型心智模型。那么，这两种心智模型是怎么发展起来的呢？心理学有一个自我决定理论，这个理论认为，推动自我发展的内在动机，主要有三个因素：归属感、自主性和胜任感。

归属感主要来自人际关系。尤其是我们与父母的依恋关系。如果孩子足够感到家庭关系的安全，孩子在家庭中就能找到归属感，就像一条船知道后面有避风港，行军的队伍知道后面有充足的粮草支持，孩子自然就会对世界生发出好奇心，就会发展出探索世界的本能。

如果父母给予孩子的是无条件的接纳和肯定，那孩子所探索世界的本能也是自主自发的，不需要考虑别人的评价，也不是为了获得家庭的称赞。这样，他的自主性就体现出来了。他不会把挫折当作一种“如果我做得不好，父母就会嫌弃我”的威胁，而是执着于自己的目标，努力解决问题，把限制和困难当作是有趣的挑战。

在解决问题的过程中，他的能力不断地成长。这样，他的成就感就形成了。慢慢地，他会发现自己是有能力的，是能够应对这些挑战的，并因此对自己充满自信。而这种胜任感又会让他不断去寻找新的挑战，解决新的问题。他的自主性会增强，他的安全感来源就会从家庭转为自己，因为他能够胜任这个工作，由此形成了正性循环，这就是一种成长型的心智模型。

反之，如果他的安全感没有得到满足，那他就会陷入消极的防御型心智模型，他不愿意去探索世界，不愿去面对一些必要的难题。他行动的所有重心，都在想方设法回避可能的伤害上。他通过缩减自己的活动空间，来获得一种安全感。为了让世界看上去可控一些，他会非常在意大脑中的规则，以至于看不到现实发生的变化。有时候他也很努力，可这并不是自发的，而是被大脑中“应该如此”的概念驱动的。他很在意别人的赞扬和接纳。所以，别人的一点点批评意见，都会让他焦虑万分。因为太在意别人的评价，他就失去了行为的自主性，这样，他就陷入了另外一种循环——不断追求安全感的循环。

遗憾的是，我们绝大多数人都属于防御型思维模型，原因有两点。

1. 生存的本能

自然进化造就了我们保护自己的本能，远离危险、不去挑战困难，会让我们处于一个相对安全的环境。所以，一定程度的防御型思维对我们自身是有好处的。

2. 家庭的教育

孩子出生后需要经过外界各种各样的刺激，学习各种各样的技能才能逐步成长，并形成自己特有的思维模型。学习和刺激最关键的阶段是在婴幼儿时期，且大多数都来自父母。不过，大多数父母要么就是陪伴太少，要么在陪伴的一天当中跟孩子说的话百分之九十以上是“不要”“不行”“不可以”等语言，要么就是替孩子完成各种事情。过分的关爱会让孩子失去自主性和胜任感，而缺失的陪伴则让孩子失去安全感，或者说归属感。这样只会让孩子逐步发展成防御型思维。

人类不同于其他的哺乳动物，人类是有好奇心的，人类天生就喜欢新鲜事物，去探索世界，父母的各种“不要”“不可以”，各种“包办”，限制了孩子探索的欲望和能力。此外，人类有好奇心的同时，也有保护自己的生存本能，而这种生存的本能，需要父母或监护人给予足够的安全感。试想，行军队伍都不知道下一顿晚饭在哪里的时候，又如何安心地去作战？同理，孩子如果没有足够的安全感，自然也就无法自主地去探索世界。没有探索世界的经历，就会慢慢丧失胜任感，最终养成了防御型思维模型。

因此，父母需要升级自己的心智模式，用发展的眼光看问题，用成长的心态面对孩子的问题。至少要避免陷入防御型心智的三个坑：僵固型思维、应该思维和绝对化思维。

僵固型思维方式 VS 成长型思维方式

先给大家分享一个案例：

小杨很聪明，学习也很好，高考考上了一所名牌大学。他来自一个县城的中学，其中考上名牌大学的学生并不多，校长觉得脸上有光，就把小杨的照片放到了学校的荣誉墙上，还对小杨说："你很聪明，到了大学一定能为母校争光。"小杨心里当时就咯噔一下，觉得自己被架到了一个很高的位置，上去了，就下不来了。上了大学之后，他发现自己根本不算聪明，学校里到处是牛人，这让他觉得自己特别普通。大一上学期期末，小杨的微积分挂科了，其实在大学里，这门课难度比较大，挂科的同学也不少，只要努力通过补考还是可以补救的。可是他学了一段时间，觉得自己学不会，怎么也不肯学了，甚至都不敢去尝试了，两次补考的机会都放弃了。他也不愿意向老师和同学求助，不愿让其他人知道他有课程不及格，每天躲在宿舍不想见人，偶尔有以前高中的学弟学妹加他微信，想问他大学的情况，他一概拉黑。他的妈妈来找我，我问小杨："为什么这次考试对你影响会这么大？不就是一次考试嘛，也有很多人没过啊！”小杨说：“老师你不知道，我能考上这个大学完全是因为运气。现在这门课把我打回了原形，其实我很水的。”

在我的工作中，经常会遇到这样的学生，他们很聪明，但是很容易因为一点挫折而变得一蹶不振。其本质的原因是他们属于僵固型思维方式，或者说叫固定型思维方式。

关于这个故事，斯坦福大学的德韦克教授（其2017年获得“一丹教育研究奖”）有一个著名的实验：夸孩子“努力”比“聪明”更重要。

为了考察表扬对孩子的影响，教授找了一些孩子，先给他们做十道容易的智力测试题。当这些孩子完成后，一部分学生被夸奖“聪明”：“哇，你做对了八道题！你太聪明了！”这些学生就被放到了非常有才的位置。另一部分学生被夸奖“努力”：“哇，你做对了八道题，你一定很努力！”结果出人意料，那些被夸奖聪明的孩子，在接下来的测验里，很多都不愿意再选择更难的题目，哪怕这些题目能够让他们学到新知识。当安排了一些很难的题目，那些被夸奖聪明的孩子，对解难题再也没有兴趣，他们的表现也直线下降。即使重新做一些容易的题目，也很难让他们重拾信心。最后，当让他们在试卷上写下他们做这些题目的分数和感受的时候，那些被夸奖聪明的学生，近乎一半的人虚报了自己的成绩，而且都报高了。相反，那些被夸奖很努力的学生，却越挫越勇，他们保留着对解难题的兴趣，表现也越来越好。

这个研究是颠覆性的，它证明了：夸孩子聪明不仅不会增加孩子的自信，还会削弱孩子的抗挫折能力。

为什么表扬孩子“聪明”和表扬“努力”会产生这么大的区别？德韦克教授认为，两种方式的表扬，激发了他们不同的心智模型。

表扬“聪明”实际上暗示了这样的观点：人的能力是固定的，解难题只是证明你聪明不聪明的方式。一旦孩子接受了这种观点，而且他们又被夸聪明，那他们自然就会努力维护聪明的形象。他们会把注意力从挑战任务本身，转移到对自身的关注上，这就是僵固型思维的特点。所以，日常生活中，我们经常会听到老师跟家长说，你的孩子很聪明，他只是不够努力。到最后，你会发现这些孩子更不愿意努力，更不愿意去学习。因为他最害怕“万一努力了，还是不能成功，岂不是让别人知道自己是个笨蛋”，这是孩子不能接受的。就成人而言，你也经常会听到，谁有关系、有后台，再比如谁天赋太强了，而他们忽略了成功人士背后所付出的努力。这些话只是为自己的不努力找了一个借口而已。有句话说得好，“我们还没有努力到可以拼天赋的时候”，更何况，关于“天赋”，已经被很多的理论否认了，比如“一万小时理论”等。

与此相反，表扬“努力”却暗示了另外的观点：人的能力并不是固定的，我们可以通过努力来发展自己的能力。既然能力并不是固定的，他们不需要有证明自己的包袱，自然就能专注努力本身。

关注自我证明，还是关注能力成长，是成长型思维和僵固型思维的重要区别。一个僵固型思维的人，在面对挑战时，很容易放弃，因为会担心困难会证明自己不行；而一个有成长型思维的人敢于迎接挑战，因为他会把挑战看作是能力成长的机会。他们对批评的看法也不一样，僵固型思维的人更容易把批评当作对他本人的负面评价，而成长型思维的人更容易把批评当作是一种帮助自己改进的反馈。当看到别人成功的时候，僵固型思维的人会把它看作是自己的失败，因为别人做到了而自己没做到，那就是证明自己不行，而成长型思维的人却会从别人的成功中学习，去吸取别人的经验，把它们变成自己经验的一部分。他们会不断地成长，把注意力重点放到通过努力来提升能力上。

明白了成长型思维和僵固型思维的差别，相信我们都可以轻松地判断自己以及孩子属于哪种思维模型。需要注意的是，即使父母感觉自己是成长型思维，但并不意味着孩子也是，思维方式本身并不遗传，而是需要通过教育手段去实现的。那么，如果你希望自己的孩子和自己可以具备成长型思维，究竟如何才能实现转变？或者如何克服僵固型思维？

僵固型思维的背后其实隐藏着这样的人生假设：我自己的价值是由别人来评价的，我只有表现得好，别人才会觉得我有价值，这种假设会把我们的目光放到证明自己聪明和维护自己的聪明形象上，与此同时，会让我们害怕挑战，害怕犯错。但是，没有挑战，不想犯错，就失去了让自己真正成长的机会。因此，不论是家长，还是孩子，克服僵固型思维的核心在于：改变对错误的认知。

有一项研究表明，父母对孩子说的话里，90%都是告诉孩子“不要做什么”，可能还不止 90%。在我们传统的教育理念中，错误即负面评价，很难把错误当作是一种反馈，一种难得的学习机会，而很容易把错误当作是一种失败。当我们把错误等同于失败的时候，其实相当于认同了这样的假设：事物的发展不是曲折向前的，而是直线式的，最终有一个终点，要么失败要么成功。而错误就是那个终点，这显然不是事物发展的真实规律。

想要改变对错误的认识，或者说对错误的看法，这里有三种方法。

1. 把错误当成学习的机会

孩子成长过程中，因为心智尚未发育成熟，各方面能力相对偏弱，所以，错误是一定会犯的，如果我们惩罚错误，其实相当于误导孩子把错误藏起来。这样，他们就失去了从错误中学习的机会。

与此同时，能力的提升需要孩子走出舒适区，不断地尝试挑战，在这个过程中，可能会正确，也可能出错，孩子会根据反馈来学习成长。犯错，其实是一个非常好的学习机制，跟能力无关，只跟事物发展的进程有关。

2. 突破自己不会犯错的形象

僵固型思维的人，总想要维护自己的形象，总是担心犯错。但是，要知道“人非圣贤，孰能无过”，不论是“圣人”还是普通人，我们无法保证自己都是正确的。我有一个朋友，是一家基金公司的经理，自己带一个团队，业绩做得非常好，可是前段时间，他因为自己的判断，失去了一个很好的投资机会，这让他感到压力巨大。我鼓励他跟团队面对面聊这个事情，后来，我听他说，他郑重地跟大家说：“对不起，我也会犯错，让大家失望了。”谁知道大家反而轻松地说：“没关系，谁都会犯错，这没什么。”这样，不用维护一个不会犯错的形象，他一下子觉得自己轻松了很多。

作为家长，我们只是普通人，我们可以大方承认自己也会犯错。与此同时，也要帮孩子理解错误，让孩子正确看待错误。

3. 制订犯错计划

我们做的事情越多，犯错的次数也会相应地增加，如果从来不犯错误，那很可能是什么都没做。如果你认同这个观点，那么列一个犯错计划，可以帮助我们消除错误的消极价值。

有的时候，在实际生活中，错误的代价是非常大的，我们怎么可能不害怕犯错误呢？同时，我们需要事先考虑试错成本。

突破“应该思维”

作为父母，我们总是觉得子女应该要更听我的话，这就是一种典型的应该思维。它的本质就是不去认识真实的环境，而试图让环境臣服于我们头脑中已有的规则，并且在环境不符合我们头脑中的规则时，表现出各种消极的情绪。

有许多的妈妈抱怨孩子拖拉不懂事，问我有没有什么办法能够让孩子听话。事实上，他们的孩子本身没有什么大问题，只是早上会赖床，晚上做作业拖拉之类的。我经常会问：“你想要一个什么样的孩子呢?”答案通常都是：“我觉得我的孩子就应该是那种聪明、懂事、听话、乖巧的。所以当孩子不是这样的时候，我就很生气，孩子越不听话，两个人的关系就越僵。”这些妈妈情绪的背后，就是孩子应该怎么样的应该思维，她们越放不下这种“应该”，就越处理不好现实。哪个父母不希望自己的孩子是乖巧、懂事、听话的。有这个愿望肯定没有错，但是愿望和应该最大的区别在于你能不能容忍现实和愿望不一致。我们希望孩子乖巧、听话、懂事，这是我们的愿望，可是孩子就有他们这个年龄常有的拖拉，这就是事实。我们都希望自己被人喜欢和尊重，这是我们的愿望。可是你也知道，有时候就是会有人不喜欢你，这就是事实。如果你想改变事实，那也只能在承认事实的基础上想办法。

可是有应该思维的人看不到这点，他们好像是在跟事实赌气，觉得事实就不应该这样。就像妈妈对不听话的孩子生气的时候，好像就在说："我必须要让孩子符合我的愿望，"这显然是不正确的。想要突破"应该思维"，我们首先需要知道的是，每一个人都生活在同一个物理世界，但是围绕着每个人的还有一个心理的世界或者思维的世界。你可以把自己的心理世界想象成围绕着你的一个圈，这个时候，你就明白，每个人的圈是不一样的。你也不可能要求其他人都跟你的圈一样。

突破"绝对化思维"

绝对化思维，也叫非黑即白思维。在工作中，我经常听到家长说这样的话，"孩子只要能考上好大学，未来生活就一定好""孩子考不上大学，这辈子就完了""孩子老是跟坏孩子玩，怎么可能会学好"等，这些就是绝对化思维。

一个女士发现自己丈夫的信用卡账单里有一条酒店刷卡记录，而且时间是星期六下午五点，女士脑中瞬间萌生了各种想法：老公外面肯定有人了，这可咋办，要说还是不说呢？要不要离婚，离了婚孩子怎么办？最终女士决定，还是要说。于是直接询问丈夫，丈夫说："怎么可能？没有啊！"女士说："你还想抵赖，你解释下刷卡记录是怎么回事，离婚吧！没什么好说的。"丈夫不愿意，非要查个水落石出，他们一起去了那家酒店，最终才发现：原来那天下午，丈夫去加油，要刷卡，结果加油站POS机故障，借用了旁边酒店的POS机，因而才有了这条刷卡记录。

你所认为的事实不一定就是事实，你所想的事情未必会发生，世界上"绝对的"事情很少，我们大可以不必焦虑。谁告诉你，孩子考上大学，未来生活就一定好，名牌大学毕业生过得不幸福的大有人在！在教育孩子的过程中，一定要用弹性的思维看问题，避免绝对化。

第三章

CHAPTER THREE

教育的工具与技巧（行动篇）

想让孩子实现改变，需要家长付出实际的行动、作出相应的改变。在阅读本章内容之前，需要家长们反复思考前面几章的内容。因为有效行动的前提，是认识的提升和观念的转变。

现实生活中，有很多家长套用网络上的各种育儿技巧，要么坚持不下去，要么反而让亲子关系变得更糟，孩子的问题变得更为严重，这是因为没有掌握最本质、最核心的方法。要知道，此时孩子的心门就像是 10 米厚的铜墙铁壁，如果没有开启的钥匙，应用再多的技巧都是徒劳的。

当然，父母们也不必焦虑，关于孩子的成长问题，你绝对不是在孤军作战，成千上万的父母与你的处境一样。你也不用羡慕所谓的“完美家庭”，我接收过各种类型的咨询，有来自完整家庭的，也有来自破裂家庭的，有富豪、有中产、有高级知识分子……他们的孩子有明星运动员、音乐人士、优秀学生……我要说的是，并非哪一种家庭模式或家庭环境就一定会出现问题孩子，问题孩子在各种经济水平或文化水平的家庭中都存在。我们真正需要的，是通过学习去引导和帮助这些孩子。

本章的工具和技巧经过了大量家长的验证，他们强有力的反馈说明了这些方法的有效性。通过实操，很多家长学会了控制自己的情绪，改善了与孩子之间的亲子关系，消除了与孩子之间的权力之争，目睹了自己的改变使孩子的行为得到很大改善，并且，孩子的行为举止变得越来越好了。

需要注意的是，你需要保持足够的耐心，你需要坚持不懈、持之以恒。要知道，你跟孩子的“战争”已经不是一天两天了，孩子已经适应之前和你相处的方式，现在，你要改变，要转变“套路”，开始阶段一定会遇到孩子的抵触与反抗，这是正常现象。你需要保持积极阳光的心态，用成长型思维关注进步的过程就好。你要放弃自己陈旧的思想和过度的反应方式，放弃自己的权力和控制，那么，未来你将会得到比你曾经想过的更多的“掌控权”。

扫清障碍（为解决孩子问题扫除各种障碍）

在改变孩子的过程中，我们究竟应该做什么？应该怎么做？

在回答这些问题之前，我想先跟大家明确什么事情是不能做的，是绝对要避免的。孩子今天之所以有这样那样的问题，很多时候是由父母不恰当的教育方式所导致的，只有先停止之前的做法，孩子的问题才不至于继续恶化。哪怕你什么都不做，什么都不说，也好过你之前对待孩子的方式。然后，再用科学的教养工具重新面对孩子，真正意义上帮助孩子成长。

首先，停止大喊大叫，不要再对孩子进行指责、批评、唠叨甚至是说教。侮辱和打骂，更是绝对杜绝的。这些做法，对改变孩子没有任何帮助，只会让孩子变得更反叛，让你们的亲子关系变得更糟。哪怕你每天面对孩子什么话都不说，也好过你对孩子不停地啰啰嗦嗦。你要明白一点，如果你对孩子说的话可能会不利于你们之间的亲子关系，那么，你宁愿不要讲，等到你学会怎么跟孩子沟通的时候，你再去行动也不迟。

在父母这些错误的行为中，有一个行为特别容易被人忽略，那就是给孩子贴负面标签。我们发现，在教养孩子过程中，大多数的父母习惯给孩子贴负面标签。但是，给孩子贴负面标签是不对的，对孩子的成长是有害的。很多父母并没有意识到这点，总是不自觉就把负面标签说出来了，我们整理了一些标签，父母们不妨对照看看有没有中招：

磨蹭、听不懂人话、懒猪、不懂事、脾气大、笨蛋、自私、小气、胆小、手机最亲、游戏控、将来等着捡垃圾、调皮、专门讨人厌、不自觉、说话不算数、怎么说都不听话、拖拖拉拉……

这些词全部是负面标签。如果这些是商品的标签，商品就被赋予相应的属性，那我们的孩子呢？最关键的是，这些可都是负面标签呀！一个商品一旦被贴上一个负面标签，它在这个市场上很可能就没有立足之地了。可见我们的孩子被贴了这么多的负面标签，对他的人生立足之地一定是有影响的。

负面标签，是家庭中最伤人的一把刀，如果父母经常这么说孩子，对孩子的成长来说危害非常大，很可能成为孩子身上的烙印，终身都无法摆脱。那么，究竟有哪些影响呢？

1. 会制造焦虑感，扩大问题的范围

负面标签，会给我们自己以及孩子制造出很多的焦虑感，会扩大问题的范围。当我们说："孩子怎么这么磨蹭啊！"其实这时候，父母自己的焦虑感马上就上升了，而且特别容易着急和烦躁，更容易上火。这种焦虑感会让父母的理性思考能力直线下降，因为焦虑本身会耗损大脑大量的能量，那留给大脑理性思考的能量就没了。所以，父母接下来所做的事情就很容易跑偏。而对孩子来说呢？当他听到这句话的时候，他也特别生气，特别容易跟你对抗。

没有人愿意给自己身上贴上各种负面标签，谁都不喜欢别人说自己不好。即使你跟一个小偷说他是小偷，他照样会生气。这就是人的本能反应。

2. 会让孩子感觉被挑剔、被指责

当父母给孩子贴负面标签时，孩子一定会觉得自己被挑剔、被指责了。所以，孩子一定会采取行动，要么就是攻击，要么就是防御。比如，

当父母说："你怎么这么自私!"那么，孩子很可能会说："我怎么就自私了?"这就是自我防御。孩子也可能会说："你才自私!"这就是攻击。

再比如：

"你怎么这么懒!""你才懒呢!"

"你怎么这么不认真!""我怎么就不认真了，你才不认真呢!"

"你怎么这么不负责任!""我怎么就不负责任了，你才不负责任!"

……

负面标签只会引起盎盂相敲。当有人给我们贴上负面标签的时候，我们内心什么感觉呢？我们会忍不住开始生气，并且升级自己情绪和想法。你说我不负责任，我可能会想："我怎么就不负责任了，我每天上班那么辛苦，回到家一大堆麻烦事，家里家外把我累个半死，我都没地方说理去，你还说我不负责任，你才不负责任呢!"

你看，一个不负责任的标签会引发对方心里所有的委屈。对方可能说出来，也可能不说出来，但不管怎么做，他的内心一定是不好受的。那么，他的攻击和防御就一定会不由自主地、由内

而外地释放出来。所以，负面标签就是相当于一把伤人的刀，被贴标签的对象不反击是非常少的。

3. 会降低孩子的自我价值感

教养过程中，你应该也会发现一个共性：你越批评孩子磨蹭，孩子就越磨蹭；你越批评他不听话，孩子就越来越不听话……这就是因为父母经常这样给孩子贴负面标签，孩子就慢慢地接受和认可这个负面标签了，他的内在自我价值感会下降，会越来越低，会觉得可能我就是这个样子，再努力也改变不了。

比如，如果你经常重复说："哎呀，你这个小孩怎么这么没用呀！一点忙都帮不上！"那么孩子慢慢地就会觉得，既然我一点用都没有，那我索性就不努力了。再比如，如果你经常对孩子说："你怎么这么笨呐！"孩子就会觉得："既然我这么笨，我再怎么努力也没用，所以我就不需要努力了。"或者对孩子说："你怎么这么磨蹭啊！"孩子就会觉得："我既然这么磨蹭，做事情就这么慢，那我就变不快了，干脆我就不变快了，我就是这样了。"

所以，我们在孩子的身上贴了越多的负面标签，孩子就越会变成你所说的那个样子，很难改变和矫正。而且，他们内心当中的自我价值感也会被你的负面标签不断地打压、磨损，孩子最后会越来越没自信，越来越没价值感。

有的时候，我们对孩子的学习着急上火，但也只能是干着急，因为学习这件事本身是成长过程中一个很有难度、很有挑战性的事情。即便你全身心地投入，也未必能把学习这件事做好。如果孩子的自我价值感缺失了，那么孩子自然就不会有太多的自信。缺乏自信的人，又怎么面对学习这种有难度的事情呢？这时，孩子当然搞不好学习。

除了上述的三点影响，我想重点解释一下：为什么给人贴标签会给对方带去那么大的影响呢？在心理学领域，有一个名词叫“标签效应”。什么是标签效应呢？心理学家克劳特做过这样一个实验：他要求一群人给慈善组织捐钱，然后根据他们是否有捐钱，分别说成是“慈善的人”和“不慈善的人”。作为对照组，还有一些人，他们没有被下这样的结论。过了一段时间后，当再次要求这些人捐钱时，发现那些第一次捐了钱并被说成是“慈善的人”，比那些没有被下过结论的人捐钱要多，而那些第一次被说成是“不慈善的人”，比那些没有被下过结论的人捐献得要少。

实验说明，当一个人被一种词语，或者一个名称贴上标签时，他自己就会进行印象管理，使自己的行为与标签内容相一致。这种现象称之为“标签效应”。

心理学认为，之所以会出现标签效应，主要是因为标签具有定性导向的作用，无论是好的标签，还是坏的标签，它对一个人的“个性意识的自我认同”都有强烈的影响作用。一个人一旦被别人下了某种结论，就像商品被贴上了某种标签。给一个人“贴标签”的结果，往往是让他向“标签”所暗示的方向发展。由此可见，当一个孩子老被家长说成笨孩子，他会对自己的能力产生怀疑，进而对自己失去信心。当一位员工被老板认为是某些方面能力不行的时候，他也会对自己这方面的能力产生怀疑，进而对自己失去信心，即使他有这方面的能力，也不会再表现出来了，员工会认为：“老板已经认为自己的能力不行，自己还表现什么呀！”

所以，千万不要随意给孩子贴负面标签，而是要给孩子不断地贴上正面标签。跟负面标签作用一样，正面标签会让孩子往你所说的那个方向去靠拢。比如，你经常说孩子是个勤快的人，那么孩子会自觉或不自觉地往勤快方向靠拢。否则，孩子就会陷入认知不协调的坑里去。

那到底父母说的哪些话属于负面标签呢？这里我们需要作一个解释。

首先，我们得知道两个概念：行为，标签。

什么是行为？行为就是孩子说了什么，做了什么。比如，孩子刚刚写了一篇文章，这就是行为。那么，究竟什么叫标签呢？标签就是你像法官一样，给这个行为定性了。不同的人，对一个行为的定性，肯定是不一样的。所以，标签往往是一个人非常主观的看法。比如“孩子写字太不认真了”，“不认真”就是给孩子写字的这个行为定性了。再比如，有的父母说：“我们家的孩子啊，他穿衣服通常要用 20 分钟。”这“20 分钟”，是行为描述。有的父母这么说：“我们家的孩子起床总是磨磨蹭蹭的。”“磨磨蹭蹭”就是给孩子起床这个行为定性了。这个定性如果是负面的，那就叫作负面标签，如果是正面的，那么就叫作正面标签。比如：

> “我们家孩子的脾气太坏了”，那么“脾气坏”就是负面标签；
>
> “我们家孩子写作业很不自觉”，“不自觉”就是负面标签；
>
> “哎呀，你怎么这么自私呀”，“自私”就是负面标签。

你看，脾气坏、不自觉、自私，都是给孩子的某一个行为一个负面的定性，这就是负面标签。如果你还是区分不了，那我提供一个更加简单的办法。

凡是能够用摄像机拍下来的，就是行为。但是，如果对所看到的东西和所听到的东西，你给出了一个判断和看法，这个就是标签。

比如，你说孩子笨、懒、馋、不负责任、浮躁、爱撒谎、不合群、胆小、不能承担、脾气暴躁、不爱说话、不爱学习、情商低、可恶可憎、没礼貌、邋里邋遢等，这些能用摄像机拍下来吗？当然不能。这些都是非常主观的判断和看法，而且还是负面的。但是，如果你这么说："儿子，我们说好的是 8 点开始写作业，现在是 9 点！"你看，这句话摄像机能拍下来吗？当然可以，这个就是描述行为。可是，如果你说："儿子，我觉得你不诚信，说话不算数。"说话不算数，能用摄像机拍下来吗？当然不能。这仅代表你个人的看法。

所以，父母要经常练习，怎么去跟孩子说话，要尽可能避免贴负面标签，你要学会去描述孩子的行为，像摄像机一样，不带评判地把事实表达出来。同时，想要孩子变得更好，那么你就需要从之前的"关注缺点"，转移到现在的"关注优点"，重复地给孩子贴正面标签。大量的家庭经过实践发现，只要不断地给孩子贴正面标签，那么孩子很快就会往你所描述的方向发展了。

其次，我们认为：不要过多地控制孩子，不要过多地参与孩子的事情。

注意，我们说的是：过多地控制，过多地参与。不是说完全不管了。在实践中，我们发现，很多父母对孩子的控制有点过度了，孩子做什么，什么时候做，学什么，看什么书，哪里看，父母都要让孩子按照父母的意愿去做。这种做法危害是非常大的，会极大程度上降低孩子的自我价值感和责任感。

就拿学习这件事来说，很多父母觉得，想要孩子学习进步，那么一定要想方设法地让孩子培养良好的学习习惯。结果呢？学习习惯没养好，厌学的情绪倒是被父母给逼出来了。这是为什么呢？因为，学习跟其他很多事情一样，是孩子自己的事情，是他自己的责任。可是，父母的很多做法，让孩子失去了这种责任感。比如，有的父母替孩子整理书包，帮孩子洗衣服，甚至直接参与孩子的写作业过程，孩子很容易就把这些责任推到父母身上；甚至感觉学习好像是在为父母学。

要想把事情做好，必然是有一定挑战的。注意，是做好，而不是做了。学习更是如此，孩子要同时学好多门学科才能脱颖而出，但如果孩子在学习上没有责任心，那学习这件事对孩子来说，就感觉跟他没什么太大关系。没有什么关系的事情，谁都不可能真正地去努力。如果不能真正地去努力，又怎么可能取得好的成效呢？

所以，不仅是学习层面上的事情，父母需要把生活中更多的事情，只要你觉得是属于孩子力所能及的，就应该把它们的责任交还给孩子，逐步培养他们的责任感。而且，在一些事情上，也要积极地给予孩子一定的权力，由他们来决策，让他们拿主意。比如，家庭生活方面的决策，你完全可以让孩子参与进来，让孩子发表自己的观点和意见，这样可以有效地培养孩子的价值感。当然，在跟孩子相处的过程中，要尽可能地给予孩子两种或者两种以上的选择。让孩子自己决定，我们只需要给予引导，帮孩子分析每种选择可能会出现的后果。至于怎么选，让孩子自己决定。

前面所说的，一个是跟孩子错误的沟通方式，一个是对孩子行为的态度，都需要父母先行改变。学习的目的，其实就是换个方法来处理问题，相信你只要掌握了正确的方法，就一定可以解决孩子的各种问题，帮助孩子更好地成长。

如何跟孩子沟通（沟通工具：让孩子听话的实操方法）

在教养孩子的过程中，父母们其实懂很多的思路、方法和技巧，可是，在真正面对孩子的时候，总是一出口就变成了唠叨和说教，甚至是批评和指责，很容易就给孩子贴负面标签。那么，孩子也就不想跟你沟通了。

比如，当孩子玩手机超过了约定的时间，很多父母就会说："不是说好了十点交手机吗？为什么现在你还在玩？""你怎么这么不讲诚信，说好的时间为什么又做不到？"说完这些话后，你肯定也发现了，无论你怎么说，孩子都不会照做，有时候甚至会跟父母顶撞，或者干脆在家里一言不发，一回到家就把门关上，自己一个人躲在房间。

出现这种情况的原因有很多，最根本的原因，就是父母其实并不懂什么叫沟通，或者说不懂怎么跟孩子沟通。事实上，很多时候，父母只是在宣泄情绪，表达自己的看法，而不是跟孩子进行有效的沟通。这样的沟通方式不仅不会让孩子有任何的改变，反而让你们之间的距离越来越远，让你们的亲子关系越来越糟糕，让孩子的问题更为严重。

其实，不只是孩子。在生活中，我们需要跟自己的爱人沟通，跟自己其他亲属、朋友沟通，跟单位的同事和领导沟通，沟通可以说是无处不在，一个善于沟通的人，不仅会把相关的人际关系处理得很好，而且通过沟通，可以把事情完美地解决。可是，一个不善于沟通的人，他们不仅很难把事情处理好，而且很可能把原有的人际关系搞得更差。

我们举个家庭中的例子：A 先生借给朋友一笔钱，过了一段时间，朋友把钱还给了 A 先生，这时候 A 先生对自己的妻子说："之前借给了朋友一笔钱，现在已经还了！"结果，妻子就不高兴地说："为什么借钱这种事，你不跟我商量就擅自借出去了？"A 先生说："就这点小事，我自己做主不就好了啊！而且不是已经还了嘛！再说我现在不是正在跟你说嘛！"然后妻子就更不开心了，说："你现在告诉我有什么用，事情都做完了你才跟我讲……"最后妻子开始抱怨结婚前丈夫如何不负责任，如何不尊重人，双方越吵越凶。

你看！就是这么一件小事，但是因为双方之间的沟通出现了偏差，导致了不一样的结果。在实际生活中，这种情况我们一定经常遇到。那出现这种情况的本质的原因是什么呢？我们认为，单独拿家庭生活来说，每一个家庭成员都是家庭这个系统中的一分子。健康的家庭系统就意味着每个成员在家庭内部的角色是有所变化的，从原来的"我"转换成现在的"我们"，所以应该是由"我们"共同来处理家庭事务。

那么，在上面的案例中，抛开其他潜在的因素，A 先生的做法理论上来讲是不恰当的。因为他的角色并没有完全转换成"我们"。但是，并不是每一个人都清晰地了解家庭生活中的规则，或者说，不是每一个人都理解家庭生活的奥秘。所以，生活中一定会遇到各种问题，那要怎样来解决这些问题呢？

简单来讲，就是通过沟通的方式，通过相互磨合、相互适应，最终形成合作。同时，通过沟通，构建起家庭中的各项规则，只要这些规则是属于你们双方或几方认可的，是你们互相之间都可以接受的，那就达成了沟通的目的。现在你应该明白，沟通在家庭生活中，特别是在夫妻之间、亲子之间有多么重要了。

那什么是沟通，或者说，沟通到底要做什么呢？

有的人说是说话、是换位思考、是倾听、是达成共识，相信大家各有各的说法，我认为：沟通的本质是为了达成合作与互相尊重。

1. 什么叫合作？

为什么我们在工作中觉得合作特别难？为什么孩子总是不合作？我们特别希望对方按照我们的想法去做事，但是他就是不做。为什么这么难？原因是什么？原因就在于合作的核心，并不是必须让对方按照你所说的做，而是大家一起把事做好。如果所谓的合作，就是对方按照你的意思去做，那你会发现，生活中大量的矛盾是难以解决的。

比如，你想让爱人做家务，但是对方就是不做，你想让孩子写作业，但是对方就是不写。这个时候，我们真正应该做的，就是一起采用各种各样的办法达成共识。所以，一定要记住这句话，不是“你按照我说的做”，而是“我们一起做”！

2. 什么叫尊重？

有的人说，尊重就是换位思考，是站在对方的角度想问题，还有的人说尊重就是给对方选择的权利。你发现没有，似乎很少人会说：“尊重我，就是按照我说的意思去做。”但是，在现实生活中，我们经常发现对方若没有按照你说的做，你就会跳起来质问："你为什么不尊重我，你为什么不尊重我的意见?"那么，究竟什么叫尊重？尊重，就是站在对方的视角去看他们所经历的一切，去理解他们，去包容他们，这就是对他们最大的尊重。

比如，孩子上课不认真听课，被老师罚抄30遍课文，父母跟孩子说："妈妈知道你被老师惩罚，心里一定觉得很难受吧!"再比如，你出门不小心丢了5000块，老公跟你说："亲爱的，我知道钱丢了，你心里很难受吧!"这就是站在对方的视角看他们所经历的一切。当然，想要做到这点，需要后面更多的训练。因为很多时候，我们是被情绪带跑了，所以我们需要尽量避免做那些"不尊重"的事情。

3. 什么是不尊重?

第一，是前文所说的：给别人贴负面标签。当你跟孩子说"你不诚信、拖拖拉拉、懒惰"这些话的时候，在孩子看来，这就是指责和批评，这就是不尊重。所以，大家需要反思一下，自己是否经常给孩子贴负面标签。当你贴标签时，沟通也就随之结束了，因为沟通中的尊重部分，已经被你打破了。

第二，是忽视。如前文夫妻的例子："当我不存在，完全不征求我的意见，你就把钱借出去?"那对孩子而言呢，我们有没有忽视他们呢？比如，当孩子哭泣的时候，家长说："有什么好哭的，没什么大惊小怪的。"这就是忽视。再比如，孩子穿了一件衣服准备出门，妈妈突然过来说："多难看，穿那个，穿秋裤，穿上！你怎么知道你不冷!"你看，妈妈会觉得："孩子怎么知道冷不冷，孩子不知道，我才知道。"

现在，你应该明白了，为什么我们跟孩子之间会有那么多的冲突？这是因为，对孩子而言："妈妈当我是空气，妈妈说干什么就干什么，完全可以不用在意我的想法。”这也是为什么当孩子玩得正开心时，妈妈直接要求回家，孩子通常都会很抓狂，这就是亲子冲突的根源。所以，想要跟孩子好好沟通，那就绝对不能忽视他们的感受、忽视他们的情绪。

除此之外，类似威胁、警告、唠叨、说教、评判等，都属于不尊重的行为。当然，还有一个行为叫“攀比”，就是拿自家孩子跟别人家的孩子作对比。比如，“你看你哥哥如何如何，你看下谁的孩子如何如何，你是什么样的?”当父母这么说的时候，孩子就自然而然地感觉到自己被指责了，那他跟你的沟通要么以结束收场，要么以攻击的方式进一步升级矛盾。

简单来说，沟通就是处理尊重与合作两件事情。你要站在对方的视角下，去理解和包容他们，再跟对方一起来达成合作。只有把自己内心中关于沟通的观念摆正，你才可以更好地跟家人、跟孩子，跟其他人有效地进行沟通。

那么，沟通具体需要怎么做呢？或者说，沟通这件事情在具体实操上需要考虑哪些事情呢？

想要成为一个优秀的沟通者，想要很好地解决问题，首先要明白，沟通就是在谈合作。所以，沟通不是一个人的事，而是两个人的事，甚至是多个人的事。大家试着想一想，在工作中，你若只关心自己，而不在乎别人，那你的人际关系一定很糟糕。同理，在陪伴孩子的过程中，你若只考虑自己的意思，而不在乎孩子的，那你跟孩子的亲子关系也一定很糟糕，因为你们已经不是在合作的环境中了。

沟通的时候，既要表达自己的想法，还需要站在对方的视角考虑问题，尊重对方，照顾对方的感受，只有这样，对方才更愿意跟你继续交流。怎样才叫作照顾对方的感受呢？父母们要明白，有效沟通的前提是先处理情绪，然后再处理事情，若孩子情绪已经非常糟糕了，父母还在不断地说教，不断地指责，此刻的孩子根本什么都听不进去，只会对你所说的话越来越反感。

为什么要先照顾情绪呢？这需要我们对人的大脑结构作一番了解。通俗来讲，人的大脑分为三层结构：处于最外面的皮层，我们叫作理性脑，它负责人的理性、逻辑思考；中间一层叫作情绪脑，也叫作哺乳动物脑，这个部分跟其他的哺乳动物一样，是掌管情绪的；最里面一层叫作爬行动物脑，也叫作蜥蜴脑，这部分是我们人类最早进化的区域，它负责呼吸、心跳、运动等方面，也就意味着，如果爬行动物脑受损，整个身体就失去了平衡，所以这部分是属于生理级别的。

从进化的角度来说，人类的进化由内而外，是从爬行动物脑到最外面的理性脑。那么问题来了，人类的大脑最关心什么？是生存下去，也就是活下去，这就意味着大脑在乎的东西是从内向外的，从爬行动物脑到理性脑。也就是说，如果你想说服别人，或者跟别人沟通，一定是先跟对方掌管生理行为的爬行动物脑以及掌管情绪的情绪脑对话。

举个例子，如果你想劝人戒烟，可以告诉他吸烟有害健康，列出一系列数据，告诉对方一年因吸烟而死亡的人数，也可以直接把他带到一个因为吸烟得了肺癌的病人面前，把肺部照片给对方看，并且告诉他，如果继续吸烟，那么过不了多久，他的肺很可能也会变成这样。那么，你觉得哪种方式更有可能让对方戒烟？

很显然，是后一种。因为它能直接影响到人的爬行动物脑和情绪脑，并且直接引发对方的生理反应和情绪反应，所以对方更有可能行动。当然，这种是积极的行动。可是，如果你在跟孩子或者爱人沟通的时候，一味地指责说教，那么他们的爬行动物脑和情绪脑也会有相应的反应，而这种反应通常是防御或者攻击。这便是大脑的自我保护机制，而且这种机制运行的速度是非常快的。

因为，大脑最在意的就是活下去。我们试想，一个原始人碰到一只老虎会怎么样？要么打，要么逃，如果他在那思考，肯定要被老虎吃掉。在现代，这种极端危险的环境虽然没有了，但是我们的大脑依然保留着这种运行机制。所以，照顾对方的情绪和感受就是让对方的大脑感觉到安全，只有感觉到安全，他才更有可能信任你，才更有可能跟你达成合作。

所以，想要成为沟通高手，就必须做好两件事：第一，要照顾你和孩子双方的感受和情绪；第二，先处理好情绪，再处理事情，不要被情绪掌控。

而在与孩子对话前，家长要问自己几个问题，明白这次沟通的目的究竟是什么。

在生活中，经常会发生这样的情况，夫妻俩讨论春节回哪一方家里过年，可是讨论到最后的结果是干脆离婚！这是为什么呢？你之前想解决的是什么问题？是如何过一个美好的春节，如何利用好春节假期。可是，讨论到最后却变成了“你不爱我，你不尊重我”，这是为什么呢？因为你完全忘记了这次谈话的目的，谈着谈着情绪就把你掌控了。真正的沟通高手是带着情绪走，而不是被情绪带着走，情绪来了什么都不管不顾了，不光是谈过年回家就能离婚，谈装修也能离婚，谈教育孩子也能谈到离婚。

很多丈夫跟妻子说："你教育的方法不对……"说着说着，妻子回："要不你来，我不管了。"最后越吵越凶，这就是典型的忘记自己最初的目的是什么了。

所以，在与孩子谈话之前，我们要先问自己几件事：第一，这次跟孩子沟通要为自己创造什么？就是你希望能给自己带来什么？第二，这次沟通要给孩子创造什么？第三，这次沟通能给你和孩子的关系创造什么？

比如，当你想跟孩子就打游戏的问题展开谈话时，你应该这么想：这次我想让孩子尽量减少打游戏的时间；我想要让孩子感受到，我很关心他，我是在为他考虑；我要让我和孩子的亲子关系变得更好。

再比如，孩子小的时候吃饭总是不吃青菜，结果父母就发飙了，拍桌子，并且吼道："必须吃，不许吐出来！"你看，此刻父母明显偏离了自己最初的目的，我们的初衷是希望孩子营养均衡，身体健康，结果把目的变成了：你必须听我的！

有一个爸爸教儿子剪草坪，结果孩子不小心推得太深了，基本上把草剪没了，然后爸爸正要推门出去，结果被妈妈拉住了，并对爸爸说："我们培养的是孩子，而不是草坪。"

我们培养的是孩子，不是其他。所以，要始终牢记自己教育孩子的初心。

沟通的其中一个核心就是合作，也就是说，你需要随时考虑你和孩子之间的关系。因为你跟孩子沟通，就意味着你们之间需要达成合作，你们是一体的，你们现在正在共同处理一个事情，你不能从合作关系中脱离出来，认为那只是孩子的事。当然，事情确实是孩子的，但现在的问题是你自己被困扰，自己在焦虑，问题在你，而未必在孩子。所以，想要处理这个问题，你需要把自己放到合作关系中去。

当目标清晰之后，我们还需要做一件事情，就是营造一个良好的沟通环境。这个环境，指的是你跟孩子双方的状态是稳定的，情绪是良好的。

沟通的前提是先处理情绪，再处理事情。双方在情绪不好的情况下是无法进行有效对话的。你可以等双方情绪都稳定后再进行谈话。那么，具体要说什么，可以按照接下来的步骤。

第一，你要对之前发生的事情进行不带评判的描述。把你看到的、听到的事实，准确地说出来。如“妈妈记得咱们之前约定的是晚上十点前交手机，现在的时间是十一点”“咱们约定了晚上八点开始写作业，然后你一直玩到九点，也没有写作业”，这种就叫作不带评判的描述。可是，父母经常一出口就是评判，一出口就是给孩子贴标签，如“你总是说话不算数”“你怎么这么不小心”“你怎么这么笨”“你从来都不尊重别人”，你看，当你给孩子贴标签的时候，孩子很快就不想跟你沟通下去了，因为你破坏了沟通中的尊重要素。

第二，父母需要说出自己的感受和需要。如果是听孩子讲话，那么还要说出孩子此刻的感受和需要，并给予理解和同情。如“妈妈感到很担心，因为妈妈想要自己的孩子有一双健康的眼睛”“儿子，妈妈知道你现在很伤心，因为你原本希望自己考得更好”，为什么要说出孩子的感受和需要呢？正如我们前面所说的，要先照顾对方的爬行动物脑和情绪脑，只要你准确地说出来，孩子的大脑就会觉得自己是安全的，孩子会觉得父母很理解自己，孩子的情绪也会很快得到平复。

为什么父母要说出自己的感受和需要呢？因为只有你说出来，对方才知道你的真正需求。孩子的解读能力还不成熟，你不说出来，孩子很难知道你此刻的感受，也就很难理解你此刻的心情。举个例子，孩子晚上十点才到家，妈妈立刻吼道："你还知道回来啊！你把家里当旅馆了吗？有没有点责任心？"这时候，孩子只会感受到你的情绪，而不会体会到，妈妈其实是在担心他。

第三，表述自己的感受和需要时，父母可以提出一个孩子可以做到的请求。比如："儿子，以后你超过十点回家，记得给妈妈事先打个电话，要不妈妈会一直担心你。"要注意的是，这个请求一定是很清晰的，是孩子可以做到的。如果你只是说，你以后要勤快点，你以后要注意把控时间，这种要求孩子很可能做不到。

跟孩子沟通，首先要明确自己沟通的目的，不要忘记自己的初心，沟通前先问自己几个问题，在双方情绪稳定下来后，跟孩子不带评判地描述之前发生的事实，之后说出自己或者孩子的感受和需求，最后提出一个孩子可以做到的请求。如果你能做到以上几点，你就已经是一个好的沟通者了。但是，这还不够，我们还要更进一步地成为超级沟通者。那么，怎样才能成为超级沟通者呢？

其实，在沟通过程中，最关键的未必是怎么说，而是怎么听，只有你会听，你才更会说，你才能说到点子上。因此，沟通的关键在于倾听，有的时候，即使你什么都不说，倾听就可以把事情解决。可是，大部分人并不明白倾听的真正意义。我们总是刚听到一点信息就去反驳对方，或者我们在听别人说的时候，脑子里面却想着怎么去反驳对方，我们总是习惯打断别人，总是习惯在孩子还没说完的时候去指责他，去评判孩子的观点。

有的孩子跟父母抱怨说不喜欢自己的语文老师，这时候很多父母立刻开启了要尊重老师的种种说教；有的孩子跟父母说不喜欢自己的同桌，很多父母马上就开始教孩子要怎么跟朋友相处等。父母这种迫不及待的打断与说教，使得孩子根本不愿意跟父母深入交谈。实际上，不仅是孩子，在生活中，在夫妻关系中，很多人不善于倾听。举个例子，有的妻子跟丈夫抱怨"最近工作很烦，老板给的压力太大"，这时候很多丈夫可能会说"有什么好烦的，你应该调整情绪，你应该合理地进行时间安排"。你看，妻子只是比较烦躁，想找个人诉说下而已，哪里有那么多"你应该"！当丈夫这么说的时候，妻子很可能就不想说下去了："反正说了也没用，跟你说了，你只会不停地说我的不是。"

实际上，倾听的核心在于"闭上你的嘴"，不评判、不指责，全身心地关注对方，给予相应的回应，哪怕只是"嗯""是""没错"这些简单的词。当然，我们学习的目的就是希望做得更好。真正好的倾听是需要读懂对方话语中的情绪、想法或者动机，简而言之，就是听懂对方的"弦外之音"。因为，只有你真正读懂对方了，对方的感觉才是："哇！你好懂我！"当对方有这种感觉的时候，他的心门将会彻底向你打开。

有一扇非常厚重的大铁门，一扇十米厚的大铁门，这时候来了一根非常粗壮的大铁棒，这根大铁棒就想把这个大铁门用蛮力来打开，可是，它用了九牛二虎之力，却发现无论它怎么做，都没办法把这个大铁门打开。这时候，来了一个非常小的东西，它只是大铁棒的百分之一大小的一个小钥匙，结果呢，轻而易举地就把这个大铁门打开了。这时候，大铁棒非常疑惑，问："为什么我用了这么大的力气都没办法打开，而你就这么简简单单地一扭就打开了呢？"这时，钥匙说了一句话："因为我懂它的心。"

这个小故事告诉我们，在沟通的过程中，要做这个"小钥匙"，这个小钥匙就是打开孩子心门的金钥匙，而这个金钥匙就是我们所说的倾听。然而，真正的倾听不是说我们只是坐在那边，用耳朵听，而是要用心去体会，要听到点子上，当你能够听到点子上的时候，那么你的回复就会给对方一种"哇！你好懂我"或者"哇！你好理解我"的体会。接下来，你们的沟通质量才会变得更高。

可是，在现实的场景中，却往往不是这样的。比如，你和孩子在学习问题上沟通了十分钟，你说了几分钟，而孩子又说了几分钟呢？大多数情况，是家长一直在说，孩子呢，往往是耷拉着脑袋在一旁，他到底有没有在听，我们也不知道。那这时候孩子的心门，其实是向你关闭的。不仅仅是孩子，我们跟爱人或者其他人沟通的时候，经常就是一边听，一边在心里打底稿，待会儿这句话我应该怎么回他，那句话应该怎么说服他。那么，这种就不是倾听了，这种叫作辩论。

真正的倾听，是把你的注意力都放在对方的身上，去关注他的一些信息，这才是最重要的。而要想做到真正的倾听，就要做好三件事：

第一，听出对方的情绪；

第二，听懂对方话语中的想法；

第三，听明白对方话语中的动机。

只要你能听出其中的任何一点，你就是一个好的倾听者，也会成为一个好的沟通者。

听出对方的情绪。其实，我们每个人在说话时，是有情绪的，就看你能不能从对方的表情、眼神以及肢体语言中挖掘情绪信息，然后，用这些情绪词汇把它描述出来。

举个例子：

有一个孩子因为考试没考好，回到家噘着嘴跟妈妈说："妈，这次没考好，老师批评我了。"不会倾听的妈妈可能会说："谁叫你不好好复习，考不好就是没好果子吃。"你看，当妈妈这么说的时候，孩子还能跟妈妈说什么呢？根本就没什么好聊的。而且，孩子根本就不想再跟你说第二句话了。而会倾听的妈妈可能会这么说："啊哟，没考好，老师批评你，你一定觉得很难受，很委屈对吧，真可怜！"那么，这个时候孩子内心的感受就是："哇！妈妈好懂我啊！我现在确实很难受，很委屈。"然后，孩子接下来可能会跟妈妈说更多，这时候，妈妈才更有可能去影响孩子后面的学习。

再举一个例子：

有一天，妻子无精打采地跟丈夫说："啊呀，烦死了，现在尽是这些破事！"不会倾听的丈夫可能会说："你能不能正能量一点啊！整天这也烦，那也烦，有什么好烦的，都让我烦了。”对妻子来说，就是话不投机半句多的感觉，一个字都不想跟丈夫说了，甚至有可能会反击。可是，如果丈夫会倾听的话，那就会听出对方此刻的情绪，很明显妻子现在就是烦躁、无力，那么丈夫的回应就可能是：“我看下我媳妇现在怎么这么烦躁，没心气儿呀，来！抱抱，给你充充电。”

感觉到不同了吗？这就是听懂对方的情绪，并且回应给对方相应的情绪词汇。

听懂对方话语中的想法。有一个孩子跟妈妈说：“实在太郁闷了，学校每天都布置那么多的作业，做都做不完。”不会倾听的妈妈可能会说：“有什么好郁闷的，老师也是负责任，是为了你们好。”会倾听的妈妈可能是这样说的：“是呀，现在学校的作业也确实有点多，学生们压力太大了。”你听出这其中的区别了吗？孩子的想法其实就是让你理解一下他，并没有想要怎么样。所以，听懂对方的想法最简单的办法就是：放下你的观点，关注对方的语言，重复对方语言中的重要的、核心的信息。

我们举个例子，孩子跟妈妈说：“今天我跟××吵架了，我非常生气，我不想再跟他来往了。”那么，如果你听懂孩子的想法，正确的回应就是：“是呀！跟人吵架确实很生气，特别是跟自己的朋友吵架，真的让人受不了。”那孩子可能会愿意继续跟你聊下去。这就是因为，孩子觉得，你已经听懂他们的话了。

听明白对方话语中的动机。一个人说话的动机，既有正面的，也有负面的。但是，在家庭生活中，即使对方做的事情多么糟糕，说的话多么让人难过，而出发点很多时候都是正面的，关键是我们能不能听得出来。举个例子，比如，孩子跟妈妈说："我恨你!"这句话背后的正面动机是什么呢？是孩子渴望妈妈的爱。那这个渴望有什么错呢？只不过，孩子的表达方式不够好，可是动机或者出发点是好的，是正面的。

再比如，一个丈夫跟妻子说："你能不能省着花钱呀!"这句话的正面动机是什么，是丈夫希望家庭更加富裕，只不过他想到的方法是通过省钱，可是他的动机是好的。方法是可以探讨的，大家可以共同商量具体要怎么做。只要你发现，并认可对方的正面动机，对方自然就会觉得你很理解他。但是，如果你否认了对方的这种正面动机，而是揪着这句话不放，那接下来的沟通很可能变成争吵。也就意味着，你们的沟通其实已经失败了。

可是，很多时候，这种动机藏得很深，我们如果没有经过大量的训练，的确很难发现对方话语中的动机。那要怎么去更好地了解对方的正面动机？我的方法是在说话前，先问自己两个问题：第一，对方这样说的真正目的是什么？第二，他最想得到的是什么？

比如说，孩子跟你讲："我非常不喜欢我的爸爸，他实在是太讨厌了!"你用心去体会，孩子这样说的真正目的是什么？是真的不喜欢爸爸了吗？很明显，不是的！那么，你再问自己第二个问题，孩子最想得到的是什么？很明显，孩子无非就是想让你理解一下他。也就是说，孩子本身是爱爸爸的，只是爸爸骂了他，所以他很伤心，很委屈。当你能够看到孩子的出发点或者动机，那你接下来就会变得不一样了。

比如，当你看到孩子这个时候的动机其实是在寻求理解，那么你可能立刻会说："是呀，你这么爱爸爸，爸爸居然还骂你!"

这个时候，孩子的情绪就会很快地变好。因为，他觉得自己已经被你理解了。这就是为什么在倾听的时候，我们要试着去听懂对方的动机或出发点。

总结一下，真正的倾听就是要听懂对方话语中的情绪、想法和动机，你听懂了哪个部分，那么你就会作出相应的回应。举个例子，妻子一进门就生气地说："怎么回事啊，房间里面为什么这么乱!"那这句话妻子的情绪是什么？她此刻的情绪，是生气和烦躁。妻子的想法是什么呢？很可能是为什么所有的事情都要她来操心。妻子的动机是什么，或者妻子说这句话的出发点是什么？是希望有人理解一下她，或者帮助一下她。当你能听懂，那你的回应就不会引发妻子情绪的升级，妻子的感觉才会变得更好，才更愿意跟你继续沟通下去。

有的人说，这也太麻烦了！说个话，聊个天，还得这么麻烦，也分个一二三。对此，我想说，我们爱一个人，需要的就是这份用心，这个世界上哪里会有白来的感情。你说你爱孩子，可是你又不愿意付出这份心，你的爱怎么可能让孩子感受到？那既然孩子感受不到，他怎么可能会跟你推心置腹，更不用说接受你的影响。所以，生活值得你用心付出。

下面有两道练习题，试着做一做，看看你有没有听懂对方话语中的情绪、想法和动机。

第一题：孩子有一天起床跟你说他不想去上学，因为第一节课是数学课，而且数学老师很讨厌，上课有很烦的规矩。此时，孩子的情绪、想法和动机是什么？

第二题：有一天你给家里的老人买了一套很贵的衣服，老人皱着眉头跟你说："又乱花钱，没赚几个钱，这种衣服我能穿得出去吗?”此时，老人的情绪、想法和动机是什么?

在平时的生活中，我们要经常试着听懂对方，只有通过大量的练习，这种沟通的习惯才会逐渐养成，你才能成为一个超级沟通者。这样，在处理孩子问题的时候，你就更容易接近他们，进而影响他们。

关于沟通的加餐课——沟通中的跟随策略

沟通，往往是为了达成合作。而无效的沟通，不仅会导致最终无法达成合作，而且会让双方的关系变得更糟糕。

我有一个朋友，专门承接大型景区的营销运营，负责景区产品的整体包装和推广。有一年，跟景区沟通国庆黄金周的景区营销问题，朋友提出“策划一场主题活动”的引流方案。结果，景区认为这种主题活动的客单价太低，不适合国庆黄金周，应该提价进行正常销售。双方因此展开了多次的沟通，可是每次都以大吵大闹收场。朋友的意思是，他们承接了整体的营销，所以景区怎么运营应该由营销公司说了算。可是景区认为，营销方案的决策权是属于自己的。双方越吵越凶，最后谈崩了，停止了合作。

很多时候，我们会跟对方观点不一致。我们想推着对方向左，而对方想向右。你可以想象一下这个场景，你们俩互相推来推去，谁都不肯相让，最终的结果，就是双方都耗费了大量的精力，但是仍然没有得出一个很好的结果。同时，因为你们相互用力，很容易升级情绪和想法，最终导致更大的矛盾。如果是这样的话，问题就更不可能解决了。这样的场景无论在工作中，还是在生活上，都会经常上演，特别是你跟孩子之间，你跟爱人之间，更容易发生这样的冲突。而且，经常都是一些非常小的事情，但是最后越吵越凶，夫妻闹到离婚的都有。这是因为双方的沟通出现了问题，或者说双方之间没有一个人懂沟通的诀窍。

那么，有没有什么办法可以很好地解决这个问题呢？有，这个工具很简单，就是两个字：跟随。

什么意思呢？我们再回到最开始的场景，我们想让对方向左，可是对方就是想向右，那么我们体会下这种感觉，我们牵着对方的手，先跟他一起往右走，然后慢慢地引导他转弯，再转弯，直到转向我们自己的方向……这就叫跟随。

那具体什么是跟随呢？我们举一个很常见的例子，就是一个妈妈跟孩子之间的对话，看下不同的妈妈，对孩子不同的回复，会有什么样的结果，你可以从中进行选择，选出哪个叫作跟随。

1. 有一天早晨，孩子起床后跟妈妈说："有的时候我觉得，其实感冒发烧还挺好的。"

A. 你希望我们更关心你一点，你自己也变得更轻松一点，对吗？

B. 你别装啊，别想着耍无赖啊！

C. 你是不是又想逃避上学啊？

请问：哪位妈妈是在跟随？正确答案是 A。

2. 当妈妈对孩子表达了理解之后，孩子就说："是呀，是呀，这样就可以不用去上学了！"

A. 你希望可以经常在家里，不用去上学，对吗？

B. 哎，你应该要去上学啊，这么大了不上学，你要干什么呀？

C. 别想了，这个不可能啊，别做白日梦了。

请问：哪位妈妈是在跟随？正确答案是 A。

3. 妈妈说："哦，这样就可以不用去上学了呀！"孩子说："对啊，我不喜欢天天除了上学就是上学，天天都在上学，我对上学烦死了！"

A. 可是，你要知道，你现在作为一个孩子，上学是你最重要的任务呀！

B. 你如果旷课，你想象一下，你的功课能跟上吗？

C. 是呀，有的时候想想，天天都在上学，也确实烦得不行！

请问：哪位妈妈是在跟随？正确答案是 C。

4. 妈妈说："哦，你对上学有点厌烦了呀！"孩子说："对啊，我讨厌学校。"

A. 行了，行了，以后这种话不要再说了！

B. 啊哟，看来你对上学的厌烦已经很严重了呀，都开始讨厌学校了呀！

C. 我觉得，你的这种感觉是暂时的，过一会儿就好啦！

请问：哪位妈妈是在跟随？正确答案是 B。

5. 妈妈说："哦，原来比不喜欢更严重呀，都开始讨厌了呀！"孩子说："对啊，对啊，我讨厌上学，讨厌上课，讨厌老师，讨厌写作业。"

A. 你今天呀，肯定是作业没写完，是不是，老实交代。

B. 你如果是这种学习态度的话，你怎么可能学得好嘛！

C. 啊呀，听起来，你已经讨厌学校里面的一切啦！

请问：哪位妈妈是在跟随？正确答案是C。

6. 妈妈说：“哦，原来你已经讨厌学校里的一切了呀！”孩子说：“其实也不是说都讨厌，其实我就是讨厌我们那个数学老师，他太严格了，非常讨厌。”

A. 那人家说不定也不喜欢你。

B. 哦，原来你只是跟一位老师相处得不好，是吗？你不喜欢数学老师呀！

C. 那个数学老师我看着还可以呀，哪里有你说得那么坏！

请问：哪位妈妈是在跟随？正确答案是B。

7. 妈妈说：“哦，原来你不是讨厌学校的一切，只是不喜欢数学老师呀！”孩子说：“对呀，对呀，他上课要求太高，而且同学都觉得，他就是不喜欢我，专门针对我。我简直不能忍受。”

A. 啊呀，看起来，你已经忍受他好长时间了呀！

B. 我感觉你们老师还可以呀，没有你说得那么讨厌，你就想想人家的优点嘛！

C. 可能这个老师最近有点不顺心的事儿，应该不会专门针对你。

请问：哪位妈妈是在跟随？正确答案是 A。

8. 妈妈说：“哦，你忍受他挺长时间了呀！”孩子说：“对呀，你都不知道他有多烦人，上课慢吞吞，然后总是鸡蛋里面挑骨头，我就是随手那么画了画，结果他就直接让我站起来，又不是小学生，还让我当着全班的面站起来。”

A. 你给我小心一点啊，上课老师管你不是正常嘛！

B. 是呀，上课的时候被老师抓起来，这种感觉确实很糟糕。

C. 如果你知道你要为自己的行为负责，那么你就知道人家老师这样做是有道理的。

请问：哪位妈妈是在跟随？正确答案是 B。

9. 妈妈说：“是呀，这种感觉确实很糟糕！”孩子说：“对呀，他说话那么慢，而且讲课特别没意思，让我跟上他的节奏，我简直太痛苦了，让我认真简直太难了。”

A. 哦，你是觉得在他的课上，你很难坚持认真听课，对吗？

B. 如果你下次考试，能考到 70 分以上，我给你 100 块，这样可以了吧，好好学习去，这个不要再多想了！

C. 啊呀，妈妈希望你啊，学习能多用功一点，成绩能好一点，这才是对自己负责呀！

请问：哪位妈妈是在跟随？正确答案是 A。

10. 妈妈说："哦，原来你在他的课上感觉认真有点困难呀！"孩子说："对呀，其实我也不是说故意不认真听，我也想认真听呀，谁不知道不认真，成绩是不会好的。"

A. 你能这么想，那就这么去努力呀，这么努力就可以做到了呀！

B. 学生认真听讲不是应该的嘛，难道认真听讲你还立功了呀！

C. 是呀，妈妈真的可以感觉得到，其实你很想认真听的。

请问：哪位妈妈是在跟随？正确答案是C。

11. 当妈妈说："看得出来，其实你是很想认真听的呀！"孩子说："是的！"

你看，到这一步，孩子的心门就彻底打开了，孩子会愿意跟你继续沟通下去，并且，很可能接下来的话题，就是讨论如何认真听。你看，当我们按照这种跟随的策略去跟孩子互动，很快就可以找到问题的真正所在。可是，如果我们没有这样跟随，很可能孩子还一直以为自己讨厌学校的一切呢！同时，也因为我们的跟随，孩子觉得被理解了，孩子更愿意跟我们沟通。

跟随才能真正打开话匣子，而且不会产生对抗，可以很好地引导孩子转向我们的方向。当然，也可能并没有转向我们的方向，但是通过跟随，你们可以一起找到新的合作方向，从而实现帮助孩子的目的。

回顾整个过程，你会发现，作为父母，我们只需要放下自己的观点，全身心地关注对方，根本不需要太多的解释，或者过多的说教，只要你用心倾听，从孩子的话语中发现他的情绪、想法和动机，并且把你所发现的，回应给孩子，跟孩子确认，你们之间的沟通将会很好地持续下去，最终就会找到解决问题的办法。

任何一种工具，都需要你进行大量的练习。那要跟谁练习呢？当然是跟你的爱人或者孩子。你要专门地、有意识地去使用"跟随"这么一个工具，相信你一定可以找到沟通的感觉，而且沟通质量会越来越高。

如何处理冲突，怎么科学管教孩子

关于冲突

根据长期的教学经验，在家长们全新的教养方式、说话方式没有形成习惯之前，父母和孩子仍然会发生一些冲突。这些冲突似乎不可避免。虽然家长们已经在极力地克制自己，但是想要真正改掉旧习惯，仍然是一件很难的事情。因此，我们需要学习：万一冲突发生了，作为家长的我们应该怎么做？

首先，我们需要明白，所有的冲突，本质是在于权力相争。

孩子会有“争夺权力”这个错误目的，孩子希望自己说了算，或至少不是完全由父母说了算，并且孩子希望自己有价值感。因此，对权力的争取，是孩子的本能反应。这个时候，如果父母非要让孩子听自己的，那么冲突是不可避免的。那么，正确的做法是：积极地暂停，退出冲突。

“积极地暂停”也是《正面管教》中非常重要的方法。当冲突爆发的时候，父母很容易情绪化，并激发出很多不理性的行为和语言。这时，父母的大脑已经成为失控的“原始脑”，而后果一定会对亲子关系造成严重破坏。为了让状况不再继续恶化，

“积极地暂停，退出冲突”是不得不执行的方案。

有的家长会问：“退出冲突岂不是让孩子得逞了吗？那不就相当于承认自己输了吗？”那么，我要反问你了，你赢了会怎么样？你赢了就意味着孩子败了，就意味着孩子的怨气更重了，你们的亲子关系就更差了。更何况，在多数情况下，父母似乎也没赢过，因为孩子通常是不服输的，最终闹得两败俱伤，对孩子造成更大的伤害。退出冲突只是为了让我们的“原始脑”恢复正常，恢复到理性状态，只有这样，后续的教养行为才是理性的，才是正确的。具体步骤如下。

第一步，当孩子的错误行为已经让你忍无可忍，你已经到了情绪失控的边缘，冲突即将开始，这个时候，你可以很严肃地跟孩子说：“我现在非常生气，我相信你也一样，我觉得我们双方都需要冷静一下，晚点再探讨这个问题。”

第二步，离开“战场”后，父母需要到自己喜欢的冷静区，这个冷静区可以是厕所，可以是卧室，可以是任何能使你平静的地方。实际上，你可以对家里的某个区域进行布置，把它设置成为冷静区。当需要的时候，你就来到这里，听听音乐，读一些感恩接纳的文章，做三到五分钟的正念训练……当你觉得自己的心情已经平复，能够冷静地思考后，就可以去找孩子了。当然，如果你感觉孩子似乎还在气头上，那就继续等待，等孩子真正冷静后再继续。

第三步，也是最重要的一步，你需要用“情感引导”的方式，通过“倾听、表示理解、表示同情、表达感受”等方式，以解决问题的态度去赢得孩子，引导孩子思考，帮助孩子作出正确的选择。那么，“情感引导”具体要如何做呢？

1. 倾听

想要解决和孩子之间的冲突，就一定要进行沟通。沟通的关键在于倾听，只有你会听了，能听懂孩子话语中的情绪、想法和动机，你的回应才会是正确的，孩子才更有可能跟你继续聊下去。所以，你一定要放下自己的观点，先去倾听孩子。

2. 表示理解

倾听的同时，父母需要对孩子的行为和情绪表示理解。卡耐基说过，人性最普遍的弱点之一就是对理解和认同的渴求。谁都希望自己被别人认可，被别人理解。

脑科学研究表明，当一个人被对方理解的时候，大脑负责情绪的区域会有明显的变化，大脑会快速地进入理性状态。这是因为，我们每个人的大脑中都有一个发现各种情绪信号的边缘系统和前额叶皮层，边缘系统是人神经系统中的社交和情感中枢。它负责让人感知自己身边人的情绪，就像雷达一样，会持续地发出探寻的波流，来感知身边的一切。同时，前额叶皮层也在分析这些情绪信号，当孩子通过大脑边缘系统接收到你的情绪信号时，他的前额叶皮层就会运作起来，来分析这些信号意味着什么。这些信息经过整个神经系统的分析后，孩子的大脑就会判断你是否真的帮助它解决相关问题。

如果你没有理解孩子，没有对孩子感同身受，孩子的大脑就会作出自我保护的反应，他就会不相信你说的话，拒绝与你进一步沟通。

实际上，不仅是孩子，成人也一样。当你表达出对客户的理解，客户更容易平静下来；当你表达出对爱人的理解，对方一定会更愿意跟你交流。试想一下，如果你今天出门丢了 5000 元，你爱人对你说："怎么丢的啊？这么大的人还丢钱，你怎么不把你自己给丢了！"你有什么感受？你心里是怎么想的？而如果你的爱人跟你这样说："亲爱的，钱丢了，你很难受是不是，没事啦，反正都已经丢了，咱们再赚就是啦，破财消灾。"这时候，你的感受又是什么？

当我们准确地说出对方的感受或情绪，并且对这种感受和情绪表示理解，对方一定会被你感动，你在对方的心目中就代表着温暖，对方才更有可能与你深入沟通。对孩子而言，如果父母表达出真诚的理解与同情，我相信，甚至不需要后面的步骤，你就可以轻而易举地赢得孩子的心。

爱，是理解与同情。爱孩子，就需要对孩子的行为表示理解和同情，对孩子的情绪、感受表示理解和同情。要知道，人的情绪不仅有开心、愉快、兴奋，也有伤心、失望、沮丧、愤怒，孩子有各种的情绪很正常，每个人都是这样的。但是，很多时候，我们会忽视孩子的负面情绪，甚至压制孩子的负面情绪，比如，很多父母告诉孩子"不许哭，再哭就揍你"，这就是典型的压制情绪。再比如，很多父母会说："这有什么好难过的，别哭了，有什么好哭的，没什么大惊小怪的。"这就是典型的忽视孩子的感受，父母这样做，孩子是非常容易有样学样，你忽视孩子的感受和情绪，孩子就有可能忽视别人，也会忽视你。

有的孩子是学校的小霸王，他们欺负其他孩子的时候，甚至都没觉察到对方的伤心与害怕。很多家长也知道，在社会生活中，情商比智商更重要。但是，在实际教养过程中，我们的父母更关注的是智力的发展，而忽视了情商的培养，甚至，做出了很多破坏孩子情商发展的行为。

那么情商是什么？情商是人们认识和管理自己情绪的能力，是认识和管理他人情绪的能力，是自我反省自我激励的能力。只有做自己情绪的主人，懂得反省和自我激励，懂得理解他人，才是高情商的表现。很多爱发脾气的父母显然情商不够高，也很难让孩子有较高的情商。如果你发现孩子平时情绪化很严重，那么表达出对孩子感觉的理解，是帮孩子平复心情的良药。同时，理解孩子，跟孩子确认感觉，是帮助孩子培养高情商的重要手段。

孩子是父母的复印件。俗话说“身教胜于言传”，父母说什么很重要，而更重要的是，父母是怎么做的。孩子可以从父母身上学会发脾气，学会暴力，学会控制，当然，孩子也可以从父母的言行举止中学到情感管理，学会理解他人，而这些，正是我们想让孩子具备的素养。

3. 表示同情

家长在理解孩子的同时，需要对孩子目前的感觉给予同情。你可以这样说：“儿子，妈妈很理解你想要那样做的原因，出现这种情况，妈妈知道你很伤心，对此，妈妈也感到很难过……”各位，当我们去同情孩子，并且让孩子感知到我们的同情心，孩子的心很快就会变得柔软了。孩子知道自己是被人关注的，是有人在意自己的，而这些，正是安全感和归属感的来源。

4. 表达感受

通常情况下，在完成“倾听、理解、同情”的步骤后，父母基本可以赢得孩子的心，与孩子达成合作。但如果你想让事情变得更好，就可以表达感受。把你之前遇到相似情况时的感受告诉孩子。表达感受，可以让你的同理心变得更为真实，让孩子更相信你的话，孩子会觉得你是跟他站在一起的，你们是战友，你们是伙伴。

时至今日，我仍然记得我小时候想参军，但是因为视力问题导致体检不过关，那时的我非常伤心，爸爸跟我说，他小时候也想去当兵，结果因为家庭的种种原因，最终也没去成。当爸爸这么说的时候，我瞬间感觉自己似乎没有那么受伤了。我觉得爸爸跟我是同路人，后来我更愿意相信他说的话了。

5. 一起寻找解决的方案

通过实践“倾听、理解、同情、表达感受”等步骤后，我相信，你已经赢得孩子的心，这个时候，孩子会更愿意跟你沟通，与你分享。但是，我们教育孩子是为了解决问题，是为了日后避免类似的冲突发生，是为了帮助孩子学会与人相处，提高为人处世的能力……而一起寻找解决方案，正是教会孩子这些能力。

此时，我们跟孩子是平等的，是相互尊重的，是坐在一条船上，一起去处理问题的。家长要做的，就是引导孩子去思考，让孩子思考未来遇到类似的情况，是否有其他可替代的方案，把方案列出来让孩子自己来选择，给孩子选择的权利，与此同时，跟孩子一起探讨每一种方案可能带来的好处以及可能出现的后果。

关于情感引导的案例

我有一个朋友，14 岁的女儿因为跟同学聚会，超过了规定的回家时间，朋友在家里非常着急，女儿进入家门的那一刻，她忍不住开始责骂：“不是说好了按时回家，为什么这么晚回来？你眼里还有没有父母，有没有为别人想过？”她女儿辩解道：“我也不是经常这样呀！也是同学聚会走不了，再说又不是很晚。”……就这样，你一言，我一语，从晚回家的事情说到家务、学习等，越吵越凶，女儿一生气，哭着摔门进入自己的卧室。

此时，朋友想起之前我对她说过的处理冲突的办法，便站在门口，对女儿说："好了，我觉得我们俩现在情绪都不好，大家都冷静一下，晚点再说。"朋友走到自己的卧室，给我打了个电话，把前因后果大致说了一遍，叫我把之前说的办法再跟他叙述一遍。

过了大概两个小时，朋友敲开女儿的房门，问女儿："女儿，你现在感觉怎么样，妈妈想跟你聊聊。"

女儿似乎还没有完全冷静，生气地说："要聊什么，你说吧！"

朋友说："妈妈因为你太晚回来而骂了你，你觉得很难过是吗？妈妈没有意识到同学友谊可能对你很重要，所以你感到很失望，对不对？"（因为女孩的情绪还没有完全地平静，因此无法进行"倾听"的环节，先用了"理解"。）

女儿听到妈妈这样说话，一下子就哭了起来。（如果你的"理解"可以说到孩子的心坎上，通常孩子会流露出感情，父母因此可以跟孩子验证自己的"理解"是否正确。）

这时候，朋友说："妈妈很同情你现在的感受，觉得你很委屈（表示同情），妈妈不应该向你发火，妈妈小时候也遇到过这种情况，当然外婆也是这样，让妈妈受不了（表达感受），妈妈想听听你是怎么想的（倾听和寻找解决方案）？"

女儿说："其实我也知道要按时回来，只是因为大家都在一起，就我一个人提前走的话，感觉很奇怪，所以才晚回来了。"

朋友说："嗯，女儿，妈妈可以理解，同学的友谊也是非常重要的，说明你对朋友是很真诚的，妈妈可能太过于担心了，怕你在外面出事。你看以后要是遇到这样的情况，咱们应该怎么做才好？"

女儿说："妈妈，您看这样行不行，以后万一晚回来，我一定给您打个电话，报个平安。"

朋友说："嗯，可以的，只是万一你的朋友或同学带你去做一些不该做的事情时，妈妈担心你会太重于友情而不敢拒绝呢?"

女儿说："不会的，要是遇到这种情况，我就给您发信息，然后您假装打个电话叫我回来就好了。"

就这样，这次冲突就这么完美地解决了。后来，朋友跟我说，自从学会这个办法，感觉女儿更愿意跟她沟通了，有什么事情都喜欢跟她探讨，让她帮忙指点一二。我跟朋友说："你现在已经真正'赢得'孩子了。"

当冲突来临的时候，家长正确的做法：首先退出冲突，去事先布置的冷静区，让自己和孩子的大脑重归理性，之后用"情感引导"的方式（倾听、理解、同情、表达感受、寻找解决方案等）赢得孩子的心，与孩子合作，帮助孩子解决问题，学会独立思考，学会如何与人相处。

关于道歉

在教育过程中，即使我们知道了要控制自己的情绪，也懂得如何去教育孩子，但是在一些特殊的情况下，由于各种各样的原因，我们还是很容易又陷入之前的教养方式，例如呵斥、唠叨、说教、责骂等。这是因为在我们大脑中，负责情感的"大象"力量实在太强，心中的怒火根本压制不住，最终做出了很多错误的行动。既然错误已经犯了，再后悔已经没有任何意义，家长真正要做的就是道歉。很多家长会觉得，父母怎么可能跟孩子道歉?

而人非圣贤，孰能无过，父母向孩子道歉并不丢人。相反，向孩子道歉只会让孩子更加尊重你，孩子的心里会认为父母是他的知己，孩子会感受到温暖。父母也要明白，孩子对我们的爱，往往比我们对孩子的爱更多。孩子更容易原谅父母，因为他们还小，他们离不开父母，他们比你想象的更需要你。

大家可能经历过，当你骂孩子一顿，或者打孩子一顿后，你告诉他说："你玩去吧!"过了一会儿，你发现孩子玩了一会儿后，就感觉什么都没发生过一样。这是为什么呢？为什么孩子不记仇呢？根源就在于孩子更爱你！当然，这也是孩子或者人类的一种自愈的方式。孩子受的伤害其实已经进入潜意识，而表面上看起来一点事情都没有。不过常常被很多父母误认为是惩罚的力度不够。

作为家长，虽然知道要跟孩子道歉，但是绝对不可以把道歉当成肆意妄为的挡箭牌。要知道，当这些伤痛的潜意识不能被觉察的时候，很可能改变孩子的命运。当孩子长大之后，如果遇到相关的事情时，很容易触发孩子童年潜意识中的伤痛。

有这么一对夫妻，生活其实也很幸福。可是，丈夫每次洗脸后，都会把水弄得到处都是，洗脸台搞得很乱。妻子一开始用玩笑的口吻说这件事，发现自己说了很多次，丈夫却依旧没有改变。有一天，她实在忍不住，就发火了，问他："你为什么每次洗完脸都要搞这么乱，你有没有考虑过别人后面要用，我跟你说过多少次了!"丈夫就回复："等一下。"妻子回复："不行，你现在马上给我收拾好，太糟糕了!"丈夫说："你干嘛这么凶啊，不就一点点乱嘛，至于嘛，你就不能帮我整理一下嘛，帮我一下会怎样。”最后的争吵慢慢发展到：你不爱我，你太自私了，没想到你是这样的人，离婚吧……

最后，他们俩找到心理咨询师，咨询师跟他们聊童年的往事。各位，你们猜怎么着？妻子为什么对乱糟糟的卫生间这么纠结和生气呢？因为，她小时候生活在一个多孩子的家庭，她跟父母说些事的时候，父母经常忽视她，她觉得她的声音根本就没人听，没人在意。因此，当她找异性的时候，她就希望找一个能够认真倾听自己的人，这个人对自己说的话要足够重视。所以，她认为，这件事情说了这么多次，丈夫都不听，这就与童年那种被忽视的感觉联系到了一起。她会想：“怎么又碰到这样的事情?”各位要注意，这是潜意识的事，就是她原本不可能有意识地按这种逻辑思考，如果她真的能够想到这一层的话，她就解决这个问题了。实际上，妻子并没有想到，她只是生气。

在生活当中，大家可能也会遇到这种情况：你的配偶其他都很好，就是某一件事情不能提，一提就炸了。其实，就是这件事情引发了他潜意识中的伤痛。

对丈夫而言，他小时候所受到的教育是非常严格的，他虽然受到很多关注，但是这个关注是非常严格的。比如，当他把玩具乱放的时候，他爸爸的做法就是第一次警告，第二次就扔掉，所以，他会觉得从小到大都被这样惩罚，是没有爱的表现，他会觉得爸爸妈妈不够爱他，当然这都是留存在潜意识当中的。

当他结婚后，他希望找到一个女人，这个女人要更爱他，迁就他，做法要跟爸爸妈妈完全不一样。他不是故意把卫生间搞乱来考验妻子，但这种行为是潜意识的，潜意识让他自发、自然地做这件事情。

我们生活当中也经常碰到，很多人小时候因为拖拉、不守时而遭到父母批评，长大结婚后，很可能还是这样。但是，一旦在婚姻生活中，对方跟自己父母采取同样的模式，就会伤心难过，因为这引发了潜意识中的伤痛。而作为父母，我们都希望自己的孩子有一个幸福的人生，那么从现在开始，认真学习，不要做那些伤害孩子的事情了。

当你愿意跟孩子道歉的时候，你会发现，孩子很容易就接受了你的歉意。而且，孩子很可能愿意跟你接着聊。这个时候，你可以把这次冲突当成一个机会，你可以跟孩子一起探讨，未来遇到这种情况的时候，要怎么解决。你可以请孩子帮你一起出主意，孩子会很热心地帮你出谋划策。这样，既培养了孩子思考的能力，也让孩子认识到，错误其实并不可怕，错了就要勇敢地承认，并及时地改正。

关于表扬与鼓励

父母需要学会从关注缺点转变为关注优点，因为表扬和鼓励可以帮孩子强化积极的行为，让孩子更愿意做正向的事情，可以让孩子更喜欢父母，可以极大程度上改善亲子关系。父母不要吝啬于自己的赞赏，少有人因为一生当中被表扬得太多而失败的。我们见到最多的，反而是那些整天被批评、被责骂的人，最终走向了失败。

请你认真想想，你有多长时间没表扬孩子了，你可以问问孩子，她喜欢被说教、被唠叨和被责骂，还是喜欢被表扬呢？很多父母整天盯着孩子的错误和不足，比如孩子一个学期只有一天迟到，家长却抓着那迟到的一天大肆教育批评，而忽略那准时到校的一百多天，他们经常通过责备、辱骂、惩罚应对孩子的不当行为。一方面，他们坚信自己爱孩子，觉得这是为孩子好；另一方面，恰恰是他们在打击孩子的归属感和价值感，让孩子丧失信心。

在家长的责骂和批评中，孩子一次次得到的负面评价在逐渐强化，孩子在潜意识里认定自己就是那样的人。越骂孩子拖拉，孩子就越认定自己就是个拖拉的人；越批评孩子没用，孩子就越认定自己是个没用的人。要知道，每个孩子都有多多少少的毛病，都会犯各种各样的错误，我们要做的就是把自己的位置放低，从心理层面和孩子站在一起，跟孩子产生联结，接纳孩子，尊重孩子，看到孩子身上的闪光点。

当然，我们教育孩子不仅是为了让孩子感觉更好，而是要帮助孩子成长。未来的生活中，会有各种各样不可控的情况发生，孩子随时都可能面临困难、陷阱和失败，这都需要孩子独立去面对，他需要信心和能力去应对各种状况。因此，作为父母，我们需要培养孩子应对不确定性的能力和信心。

具体的方法和工具就是鼓励。

不知道家长是否注意到，我所说的方法和工具是鼓励而不是表扬，这是因为鼓励要比表扬更加高级。当然，这并不是说表扬不重要，家长仍然可以经常表扬孩子，因为表扬也是正向反馈。既然鼓励更高级，那么鼓励到底可以起到怎样的效果呢？

心理学家德雷克斯说过：一个行为不当的孩子，是一个丧失信心的孩子。人类所有行为的首要目的是在追求归属感和价值感。对孩子来说，他们之所以有错误的行为，是因为他们没有信心，也没有能力得到想要的归属感和价值感。因此，他们采取了四种错误目的：寻求过度关注或寻求权力，是为了获得归属感和价值感；报复，是为了补偿自己在获得归属感和价值感过程中受到的伤害；自暴自弃，是孩子已经彻底丧失信心，因为他们已经真的相信自己不够格。

鼓励孩子，相当于给孩子提供机会，让他们认识到自己是有能力的，是有贡献的，是可以正确地影响别人的。鼓励，可以让孩子感受到爱，感受到父母的信任，让孩子有归属感，孩子会重获信心，逐步形成责任意识。

当我们还是学生的时候，你会发现，有的同学不怎么爱学习，整天调皮捣蛋，偶然有一天，老师跟孩子说了一句鼓励的话，从此之后，这个孩子爱上了这位老师的课，慢慢地把学习兴趣拓展到其他课程，最终全面开花。对孩子来说，很多时候，可能只是一句话，就能点燃孩子的信心，而这就是鼓励的神奇魅力。对我们家长来说，我们跟孩子相处的时间很多，如果你经常应用鼓励的方式，孩子的错误行为会逐渐消失，孩子自然而然就知道什么是对的，什么对自己是有帮助的，自己现在应该做什么。那么，怎样才算是鼓励呢？鼓励跟表扬，有什么区别呢？

在前面的“思维方式的实验”中说过，夸奖孩子聪明就是表扬，而夸奖孩子努力就是鼓励。夸孩子努力，有利于发展孩子的成长型思维，通过鼓励可以帮孩子养成终身成长的心态，孩子会觉得每一次努力都是学习的机会，即使是做错了，也可以从中学到东西，这样的孩子更关注努力的过程，他们会把错误或者失败，当成学习的一个必要过程。他们对自己更有信心，更相信自我评价，而不依赖于别人和外在的评价。

相反，那些僵固型思维方式的成人或者孩子，他们活得很累，他们整天在向别人证明自己，他们做任何事都在意别人怎么看他，都在意这一次究竟是吃亏还是占便宜。这也意味着，家长需要学会鼓励，而谨慎使用表扬，因为表扬很容易让孩子变成一个“讨好者”或“总是寻求别人认可的人”，这很容易形成一种完全依赖于别人的观点的自我概念，他们会为了维护自己聪明、听话的形象，而不敢去探索与尝试。

有的老师跟家长说：“你的孩子很聪明，他只是太懒惰，他只要稍微一努力，成绩就会提高。”这句话其实耽误很多孩子。你要知道，当孩子听到这句话，他是绝对不可能去努力的。因为，他最担心的就是，万一努力了，成绩还提高不了，这岂不是证明了自己不聪明吗？而这一点，是孩子绝对不能接受的！

想要正确地鼓励孩子，首先，家长需要明白，鼓励和表扬最大的区别就在于孩子的感知。当你对孩子说“孩子，妈妈谢谢你的帮助”，这就是鼓励，孩子从你的语言可以感受到自己的价值，是自己指向自己的评价；当你跟孩子说“你真是个听话的孩子”，这就是表扬，孩子感知到的是外界对自己的评价。评价来自孩子自己还是他人，就是鼓励和表扬的第一个区别。

其次，鼓励是基于平等意义上的欣赏，而表扬是自上而下的。比如，“孩子，妈妈为你感到骄傲”，这是一种平等意义上的欣赏，而如果你只是说“孩子，你很棒！”这就有点像上级对下级，是自上而下的评价。如果你对鼓励和表扬仍然有疑惑的话，想想这个问题：你平时对朋友会怎么说话，你是怎么感激你的朋友的？

这里要特别强调一下，并不是说表扬就一定不好。要知道，只是表扬就可以实现良好的亲子关系了。我们教育孩子，是为了让他们在未来的生活中更有信心和勇气去面对困难和挫折，而经常性的鼓励，是在逐步增强孩子的自信心、强化孩子的积极行为，让他们拥有价值感和归属感。事实上，如果你可以灵活应用鼓励，孩子的错误行为都可以得到解决。因为，孩子错误行为的背后，都是因为丧失了信心。而鼓励则可以帮助孩子重获信心。

要正确地应用鼓励，需要遵循以下两个原则：

1. 恰如其分的时机

当孩子有正确的行为时，父母要给予及时的鼓励。这个时候是孩子感觉最好的时候。及时的鼓励，可以强化孩子的正确行为，也是塑造孩子价值观的最佳时机。举个例子，一家人吃完晚饭，孩子今天心情比较好，就把碗筷收拾了，作为父母，我们应该及时地跟孩子说："儿子，刚注意到你把碗筷收拾了，说明你长大了，懂得帮助爸爸妈妈了！谢谢你！"当父母这么跟孩子说的时候，孩子自然而然会往"长大了""帮助父母"的方向去努力。

当然，在孩子有错误行为的时候，父母则需要有一定的耐心去等待。这是因为，孩子在情绪没有平静下来的时候，很可能听不进去你的话。之所以发生了错误行为也需要鼓励，是因为家长需要把关注点从缺点转移到优点。错误本身就是学习的最好时机，鼓励可以让孩子更容易接受你的观点。

举个例子，孩子因为贪玩，晚上十一点才到家，这时候父母不需要再进行"遵守时间""不诚信"的说教和指责，只需要平静地说："你今天这么迟回来，妈妈很担心，不过妈妈感到很欣慰，因为妈妈注意到，你进门的时候是轻轻地开门，轻轻地关门，说明你心里惦记着爸爸妈妈，怕打扰到我们休息对吧！"当你这么说，孩子的内心就不会有防御的想法，相反，他们会感觉到内疚。通常，他们会跟你道歉，说"不好意思""下次不会"之类的话。即便没有说，父母也无须介意，因为孩子其实已经懂了，你只要提醒孩子，比如："爸爸妈妈会担心你，以后尽量早点回来，万一有特殊情况，给爸妈打个电话，可以吗？"

当错误行为发生的时候，父母很容易情绪失控，因此，我们需要先让自己平静下来，然后从事情中寻找亮点，用亮点来鼓励孩子。要知道，再淘气的孩子也有做得好的时候，父母要学会把眼光转移到孩子那些闪光的时刻上。不要总是唠叨粗心不粗心的问题，而是在孩子做得细心的时候，充分肯定他，让孩子知道，这就是细心！不要总是批评迟到不迟到的问题，要多在孩子按时出发、按时到达的时候，夸奖孩子有时间观念。一次次地正面强化，孩子自然而然会朝着我们的期待成长。

2. 关注改善而非完美

很多时候，家长总是急于去解决孩子目前身上的问题。特别是当孩子跟你有冲突的时候，家长恨不得马上就把这件事情解决。也有的家长说："我也想好好说，可是孩子就是不听，只有责骂、吼叫和惩罚才管用。"责骂和惩罚，可能让孩子尽快"乖乖的"，但是，有效期是多长时间呢？半小时还是一天？所以，家长的心情是可以理解的，但是这种做法是非常错误的。如果家长理解了成长型思维的含义，那么真正应该关注的是孩子是否有所改善，是关注孩子进步的过程。

举个例子，有的孩子因为贪玩，有网瘾，导致成绩越来越差，通过父母的鼓励，孩子已经开始减少上网的时间，并且愿意多花时间在学习上，这本身就是进步，就是改善。你就需要对孩子的进步给予鼓励。然而，如果你非要强迫孩子“从现在开始，立刻停止上网”，这很容易激发孩子的厌学情绪，引发新一轮冲突。再比如，有的孩子学习成绩不好，但是通过父母的鼓励，孩子取得了一点点进步，这时候父母不能因为孩子距离理想成绩还差得很远而气馁，也完全没必要拿自己的孩子跟别人的孩子作对比。别人的孩子跟你有什么关系呢？我们只要关注自己孩子有没有一天天地进步就好。

任何事情，都不是一蹴而就的，通过鼓励的方式，可以一点一滴地帮助孩子前进，用一个又一个小成功，为最终的胜利奠定坚实的基础。罗马不是一天建成的，孩子目前出现的问题，往往是长期以来的各种原因所造成的，如果你想一蹴而就，想要孩子马上变得完美，这几乎是不可能的。在我看来，父母应该降低自己的期望值，不要把孩子当成自己实现梦想的工具。孩子有无限可能，未来的日子还很长，只要你充分地信任孩子，用心去鼓励孩子，关注一点一滴的进步，孩子会比你想象中的更优秀。

当然，有一点需要强调：在事情变得更好前，也很有可能会变得更差。

举个例子，我们在实践过程中，要求父母每天去发现孩子身上的亮点或优点，并且把亮点或优点写出来念给孩子听。就会有父母反馈：孩子很抵触这种行为，有的孩子捂住耳朵不听，有的孩子直接跟父母说，不要写这些东西。孩子有这样那样的抵触，是因为你们之前的亲子关系实在太糟糕了。

通俗点说，孩子已经适应跟你长期的“作战”方式，今天你突然改变相处方式，孩子感觉非常不适应，在潜意识当中，他会想方设法来验证，确保你真的变了，才会做出积极的行为，以便适应新的家庭关系。因此，父母要始终相信，不论多么冰冷的心，只要给予一定的时间，都可以被热情融化。父母只需要关心自己有没有比昨天更好，孩子有没有比昨天更好，就足够了。

3. 鼓励的“套路”

在生活中，很多人并不懂得怎么去赞美人，说出来的话听着就感觉很假，比如：哇，你今天好漂亮！你真棒！你很有气质！这些话不能说不好，只是不够高级，而且，万一用得不合时宜，会让人觉得你不够真诚。真正高级的“套路”，其实是 FFC 模型。第一个“F”，是指 feeling，指的是感觉；第二个“F”，是指 fact，指的是这种感觉的事实依据；“C”是指 compare，是跟什么比较的意思。

举个例子：哇，你今天的穿着让我眼前一亮，很清新的感觉（F）；你用发夹把头发竖起来，白色的裙子配粉色的 T 恤很有活力（F）；我觉得比其他到场的人更耀眼（C）。

对孩子而言，如果你用这种鼓励的方式，孩子会感觉更好。比如说，如果把“儿子，谢谢你的帮忙”换成“儿子，妈妈今天很欣慰，我今天什么都没说，你就把锅洗了，居然比我洗得还干净”。当然有的时候，不一定非要有“C”，非要把“比较”找出来，只要有感觉，有事实就够了。按照这个思路去说，孩子会觉得你很真诚，会更相信你说的话。

下面，再介绍几种实用的鼓励方法：

（1）描述式鼓励

父母要做录像机，描述孩子那些好的行为，要尽可能具体化，不要太笼统，且只对事情进行描述，不对孩子个人进行评价。例如："宝贝，我看到你今天的房间收拾得很干净哦""宝贝，你刚才看书的时候特别专注哦""妈妈注意到你刚才真是动脑筋了，这么难的题目都答出来了"。

（2）感谢式鼓励

父母要放低自己，尊重孩子，适当地去感谢孩子。例如："宝贝，谢谢你遵守约定准时起床，这样我们就可以按计划去玩了""谢谢你刚才帮助妈妈照看弟弟，妈妈一个人实在忙不过来了"。

（3）启发式鼓励

在孩子做得好的时候鼓励孩子，让孩子尝试说出自己的感受，强化成功的内容感受，可以使用启发式提问，还可以鼓励下一步行动。例如："哇！你三天就学会骑自行车了，感觉怎么样？究竟是怎么学会的呀！""这次语文考试成绩很不错啊，采访下心里有什么感觉呀？这个学期你是用了什么方法取得这么大的进步？英语课用这种方法你感觉行不行？"

（4）授权式/赋能式

以平等尊重的态度，充分相信孩子，这本身就是一种鼓励。例如："妈妈相信你的判断，妈妈相信你可以做得更好""儿子，你学习的进步很大，妈妈为你感到骄傲"。

在应用鼓励的过程中，父母需要明白，鼓励不只是一个育儿技巧，更是一种亲子的态度。父母需要把自己的位置放低，从心里跟孩子站在一起，而不是居高临下。如果你的想法是"靠鼓励的方法来控制你的孩子”，那么，鼓励的效果会大打折扣。我们一直强调，孩子的感知能力非常强，他能很敏锐地感受到你是怀着功利心还是由衷地欣赏。只要从心里接纳孩子、尊重孩子、欣赏孩子，孩子一定会发生积极的变化。

关于管教

很多时候，当父母学到一些教育的技巧或者工具，就会急于去解决孩子的问题。可是，在使用这些管教方法前，父母首先需要跟孩子建立相对温和的亲子关系，得先让孩子的感觉好起来。处于关系紧张中的孩子，很可能把你的管教视为惩罚。当然，父母这种迫切的心态可以理解，但是，急于求成很容易让情况变得更糟。我们应该放平心态，一步步来。

在教养孩子的过程中，我们希望孩子是一个懂事的、有责任感的人，知道自己在什么时间应该做什么事情；我们想要孩子成为一个有担当的人，可以为自己的行为负责。因此，作为父母，我们不仅是无条件地爱孩子，而且要给予他们恰当的教育。

父母想要改变孩子身上各种各样的缺点和错误行为，就需要使用相应的“管教”。当然，这里的管教工具绝对不是责骂、惩罚、体罚等，我们需要用科学的管教方法帮助孩子学会担当，培养责任感，帮助他们学会独立思考，让孩子主动担当，为自己的行为负责。

当孩子有错误行为时，父母的第一反应，往往是批评、说教或者惩罚。似乎不说两句，不给点颜色，孩子就不长记性。但实际结果是，孩子要么继续犯错，要么对父母激烈地反抗，要么就是因为害怕家长的威慑而偷偷地做。传统的管教方式最大的问题就在于，它不具有长期效果。孩子绝对不可能因为你的说教、责骂、惩罚、体罚而变好，相反，从你的管教中，孩子学会大吼大叫、学会反抗、学会撒谎等。

所以，请家长换个思路，先想一想，管教孩子的目的到底是什么？到底是为了让孩子更好地成长，掌握必需的人生技能，还是为了让孩子吃点苦头。然后，再请各位家长认真地回忆，我们之前的做法真的有效吗？你的孩子有因为你的唠叨、说教、指责、惩罚而改变吗？当你跟孩子不停地说：自己的衣服要自己洗，自己的房间要自己打扫，不能天天玩手机等，连说几次，孩子真的就能瞬间改变吗？

在说服理论中有一个现象：没有人喜欢被说服，但是又很喜欢去说服人。在沟通说服的过程中，很容易陷入“祝英台陷阱”。什么叫“祝英台陷阱”？祝英台的妈妈为了阻止祝英台嫁给梁山伯，不停地唠叨，不停地说教，甚至限制祝英台的人身自由，可最终结果是什么？

“祝英台陷阱”告诉我们，每一个人的想法、态度和行为，都是自己选择和偏好的结果。祝英台喜欢梁山伯，是祝英台选择和偏好的结果，是“我”喜欢的，是“我”选择的。但是，你非要说我不对，那我就视之为你对我的挑战。在夫妻生活中，当妻子跟丈夫说“袜子不能随地乱扔”，可是，你会发现，即使你天天说，丈夫也是不改，有时候妻子说得急了还会引发一场争执。这是因为，袜子乱扔是丈夫选择和偏好的结果，我选择了乱扔袜子，可是你非要说我不对，那我就认为你是在挑战我的选择。

对孩子来说也一样，是我选择了打游戏，是我选择了晚点睡，这是我个人的偏好，我愿意为此付出代价。而你非要用你的那套说辞来证明我错了，那我一定会进行反驳。正是因为孩子内心中有自己的选择和偏好，如果你去说教、指责、唠叨，很容易引起孩子的反抗。即便此时此刻，当我说“没有人喜欢被说服的时候”，你心里可能会想：“不会啊，我觉得我很随和啊！”人就是这么奇怪，那么作为父母，我们究竟应该如何管教孩子？我认为，科学的管教须遵循以下四个原则。

1. 温和而坚定

管教的目的是帮助孩子成长，让孩子学会担当。在管教孩子的过程中，父母不需要表达负面情绪，不需要对孩子的行为进行评价或指责，只要温和地说出自己的看法，并按照科学管教的原则一步步去做就行。比如，当孩子没按照约定上交手机，父母大可不必生气，也不要对孩子说类似不讲诚信、不守承诺等上升到道德、价值观层面的话，只要简单地说：“儿子，时间到了哦！”“呀！已经 10 点了，该交手机了哈！”

2. 孩子承担后果

让孩子承担后果，是要帮助孩子学会为自己的行为负责。举个例子，当孩子因为贪玩而错过了吃饭时间，那后果自然就是没有饭吃，孩子可能会跟你发火，但是你只要和善地说：“既然你非要在吃饭时间玩耍，那只能承担没饭吃的后果，饿一点就饿一点吧，下顿饭多吃点。”经过一次到两次的坚决执行，孩子基本不会再犯了。通过这件事，请问孩子学到了什么？孩子知道了是自己的原因导致没饭吃，自己要为贪玩承担没饭吃的后果。

现实生活中，一定会有比吃饭问题更复杂的情况，这就需要家长学会应用“逻辑后果”。你可以事先跟孩子约定好，万一发生某种情况，孩子就要承担某种责任。比如，你可以跟孩子约定，如果一天玩手机的时间超过了约定时间，那么就取消第二天玩手机的机会。至于具体规则是怎样的，你可以跟孩子事先约定。需要注意的是，所有的后果都必须是你跟孩子事先约定的，并且经过你跟孩子共同认可的（可以把约定写下来，让双方签字）。除此之外，后果必须是相关的、合理的，你不能说，如果你超过了游戏时间，那就不能吃饭，这个很明显不相关，也不合理，就变成惩罚了。

有的家长可能会问，有些事情没有约定怎么办？既然你没有约定，那就不应该采取措施，你可以跟孩子就目前的事情进行约定。你可以温柔，甚至幽默地说："儿子，妈妈对你说脏话这件事情感到担心，我觉得这样不够礼貌，我认为有必要跟你聊一下这个事情，你看可以吗？"

3. 闭上嘴，直接去做

父母可能会发现，已经跟孩子约定好规则，但是孩子总是说话不算数，怎么办？我的建议是：家长肯定要按照约定的规则去执行，不需要说太多话。你说得越多，越有可能又变成指责或者说教。通常情况下，孩子很快就能明白爸爸妈妈不是在开玩笑，是认真的，他自然就会慢慢改过来。

如果你按照规则执行了几次，孩子依然不为所动，还是经常违反规则。这时候家长首先需要反思，是不是自己在生活中没有做好榜样？是否有承诺过的事情没有兑现？如果有，要及时地改正，并向孩子道歉！如果没有，你可以用鼓励的方式，在某件事情上寻找孩子的优点，激发他的积极心态，鼓励孩子执行约定。

记住，千万不要发火，发火只会让事情变得更糟。

4. 关注解决问题

让孩子去执行、去承担后果的目的是希望孩子能够有责任心，能够有担当，能够为自己的行为负责。但这并不是说非要把某一件事情按时按量完成不可。就比如说整理家务这件事，即使孩子今天坚持不去整理，这也不能说明孩子就是一个言而无信的人。也许孩子今天心情不好，或者因为其他的原因，如果父母再去说教，很可能让孩子产生逆反心理。你要相信，在后面的几天里，孩子自然而然会去完成。毕竟，没有一个人会愿意总是承担不舒服的后果。

在关注解决问题的过程中，父母可以给孩子权利，让孩子选择。要知道，孩子的一生，其实都在追求归属感和价值感。其中，价值感就是想要自己说了算，自己是有能力、有权利的。给予孩子权利，对孩子来说简直是天大的惊喜。这个方法在我教育孩子的过程中屡试不爽：现在吃饭，还是过五分钟吃饭？现在洗澡还是今晚不洗了？现在写作业，还是吃完饭写作业？现在起床吃饭，还是再睡会，路上吃……只要你给出合理的选择，或者你让孩子自己列出几个选项，并从中进行选择，孩子基本上都会配合。他们似乎把这个当成了游戏，有种自己说了算的感觉，至少，不是完全由家长说了算，而这是他们很难拒绝的。

当然，让孩子选择的前提是，你的所有方案，都在你和孩子可以接受的范围内。例如，游戏时间是 10 分钟，还是 15 分钟？如果你说，要么 10 点回来，要么就别回来了，这很明显就带有怨气和挑战了。

我有一个学员，他的孩子已经高二了，之前的叛逆问题基本已经处理好了，孩子也已经回到正轨安心学习了。在暑假里的一天，孩子问妈妈："妈，明天我和朋友要约着去玩，可能明天晚上就不回来了，你看行吗？"妈妈跟他说："这种小事，你自己说了算就行了。"据妈妈反馈，她看到孩子已经诧异不已，简直不敢相信这件事情是真的。孩子说："不是吧，真的可以吗？"妈妈跟他说："你现在是大人了，很多事情你自己拿主意就好。"后来孩子跟他妈妈说："那次本来也只是试试看，如果你不同意，我也就不去了，没想到你居然答应了，从那一刻起，我感觉自己突然长大了，那种感觉简直妙不可言。"妈妈说，孩子之后更加懂事了，跟父母的关系更好了，对学习也越来越上心了。

这就是给孩子选择的魅力，当然，这并非鼓励大家都这么放宽管教，只是提供一种思路：让孩子感觉到自己是有价值的！慢慢地，孩子就有了一种价值感，他会对自己的能力更有信心，更愿意用积极的方式去处理问题。

管教中的技巧

除了管教的原则，我们在实际管教过程中，也发现了一些具体的，而且非常实用的办法，也就是管教中的技巧。

第一，定时批评，随时表扬。任何人都喜欢别人肯定自己，即使嘴上说"别说了，别说了"，但内心还是美滋滋的。那什么叫定时批评呢？就是我们可以跟孩子约定，比如说一周一次之类的，当孩子表现不好的时候，你可以及时纠错，但不要马上批评，等约定的时间到了，那么你们可以坐下来，总结一周表现好的地方，以及指出做得不好的地方。

第二，感觉迁移。感觉迁移，通常可以用在控制孩子上网打游戏等方面。如果孩子热衷于手机，对学习并没有什么好感，我们可以通过这种办法，把游戏上的好感觉迁移到学习上来，同时把学习上的坏感觉迁移到游戏中去。为什么要这么做呢？既然孩子已经迷恋上手机，那么你强行控制，必然会引起孩子的反抗。而感觉迁移法可以很好地控制孩子玩手机的时间，同时，又可以让孩子增加对学习的兴趣。那具体要怎么做呢？

首先，我们跟孩子约定每天玩手机的时间。其次，再跟孩子约定，在约定时间外，允许孩子用一定的学习量来兑换新的玩手机时间。再者，我们允许多次兑换。这个比重你们可以自行约定，如十分钟的学习兑换十分钟的游戏等。但是，学习量或者学习的难度要适当，且必须要对额外的学习量进行检查，比如背诵古诗等。当然，检查的力度和频率需要有一定的弹性。除了对学习量进行检查，也需要将额外奖励的手机时间分散，这样可以更好地避免孩子沉迷其中。

为什么说这种感觉迁移法很有效呢？它可以很好地让孩子把玩游戏时的好感觉迁移到学习中来，而把学习的压力以及其他不好的情绪迁移到游戏中去。

第三，关于破坏规则。我们发现，在规则的执行中孩子经常会不守时，撒娇耍赖，不肯放下手机，这时候，就可以使用这个工具，让孩子承担后果，并养成自律的习惯。当然，这个规则也是需要你们事先约定的。

我相信，很多父母也有跟孩子约定关于不守时的惩罚。但以下的做法，会更有效力。

第一，跟孩子明确，手机是家庭的财产，孩子有使用权，但是没有所有权，如果能够遵守规定，那么就拥有一定的使用权，如果不能遵守，那么就失去一定的使用权。

第二，跟孩子约定每天玩手机的时间，比如 1 小时，如果孩子按时交还了，那么可以额外奖励孩子 10 至 15 分钟，但这个奖励要有至少一个小时的间隔。如果孩子没有按时交还，将会失去第二天的手机时间。

父母在跟孩子相处的过程中，可以多动动脑筋。比起严厉的管教，其实有很多的方法可以更好地让孩子合作，就看你够不够用心，有没有耐心。只要用心了，一切都可以解决。

快乐时光

良好的亲子关系，是一切家庭教育的前提。如果父母跟孩子关系非常融洽，就像朋友、兄弟姐妹一样，孩子会不听父母的话？孩子不仅会听，而且会愿意跟你推心置腹，愿意跟你沟通交流，甚至会跟你分享自己心事、烦恼和快乐等。在这种情况下，你对孩子的影响力才是最大的，你想教给孩子的东西，他们才会非常愿意接受。

实际上，几乎所有的问题孩子，都是因为没有良好的亲子关系。所以，要想改变孩子，首先需要修复亲子关系，而修复亲子关系的有效工具就是快乐时光。

大量的研究表明，青春期的孩子其实是很想跟父母在一起的。这个阶段，他们更需要父母的帮助，但是由于各种各样的原因，他们跟父母待在一起的时间越来越少。即使是晚上回家，也只是待在自己的房间里，一天说不了几句话。关于这一点，也不能完全怪孩子，父母很多时候要么很晚回家，要么回到家也是抱着手机刷来刷去。如果这样的话，亲子之间的交集会越来越少。因此，父母应该主动些，有意地放下手中的一切去陪伴孩子，一起去吃饭、逛街、看电影、健身、旅游等，只要能一起参与的事情，父母都应该主动安排。

父母可以问问孩子的意见，让孩子说说自己最想做什么，再主动地给孩子惊喜。人心都是肉长的，真诚可以打动一切，还记得你追初恋的时候吗？你是不是也会想尽一切办法让对方感受到你的爱。对孩子也一样，孩子已经长大了，他们分得清楚对错，也分得清楚善恶，多花点时间陪伴他们，让他们感受到你的爱，慢慢地你会发现，你们之间的亲子关系会越来越融洽，孩子会比之前更配合！

家庭会议

家庭会议是家庭教育中一个非常不错的工具。家庭会议会让孩子感觉到归属感和价值感，这是因为家庭会议需要每个人都参与，每个人都是这个家的主人，都可以对家庭的各项事宜展开讨论。一般情况下，孩子都会很喜欢这种参与感。同时，家庭会议可以用于解决实际的问题。从家庭活动到家务事，从工作到孩子教育，你都可以应用家庭会议这个工具。

当然，举行家庭会议，也有一些需要注意的事项。召开家庭会议的目的是讨论相关家庭事宜，不是批判大会，需要每个人做到不指责、不评判，如果家庭成员不能做到平等与尊重，不能做到心平气和，那就无法召开家庭会议。具体做法如下：

1. 事先约定好定期召开家庭会议的时间和地点，以及会议所需要的时长。这个时间通常在 15 至 30 分钟，如果超时，需要征求其他家庭成员的意见。

2. 提前一天通知会议的议题、参与人员，议题不能太多，三个以内为最佳，但是不能只针对孩子。

3. 在主持人的带领下，对各项议题展开讨论，轮流发言，中途不允许插话。每个人只表达自己的观点，不允许对别人，特别是孩子的观点进行评价或指责。

4. 通过讨论，所有人需要对解决方案达成一致，如果无法达成一致，那么将这个问题放到下次会议中继续讨论。

5. 将达成一致的解决方案签字、记录、留档。

第四章 CHAPTER FOUR

解决孩子问题的基本思路

引　言

想要孩子改变，想要解决孩子的问题，家长不要寄希望于别人，也不要寄希望于某些机构、某个老师或者某件事情。教育孩子是你的事情，烦恼也是你自己的烦恼，只有你改变，孩子才可能改变。如果你希望不做出任何的努力，孩子自然而然就“懂事”，那很难。即使有机会，你真的愿意消极地等待吗？

为了更好地让家长帮助孩子改变，让家长的思路更清晰，我们总结了解决孩子问题的基本思路，一共分为六步，它们之间相辅相成，没有明确的先后顺序，家长可以根据实际情况灵活应用。

第一步：放松自己，调整情绪。父母首先需要充分认识到，以前的教养方式是无效的，是没有任何用处的，是不会产生任何好的效果的，唯一的效果就是让情况变得更糟。父母需要重新认识自己，需要重新认识孩子，充分接纳孩子，不管孩子身上有什么样的缺点，他们都是我们的孩子，我们都要给予无条件的爱，尊重孩子，跟孩子平等相处。现在你首先需要做的就是让自己放松下来，通过正念冥想、户外运动、关照自己等方式调整自己的情绪。

第二步：控制吼叫，避免冲突。调整情绪的目的，是为了让我们不那么容易冲孩子吼叫，父母们可以记录自己情绪爆发的那些触发点，让自己的心情更平和。通过了解自己和孩子之间的不同气质，客观地看待孩子的行为，尽可能让自己在跟孩子沟通的过程中保持和善。当然，很好地控制自己的情绪不是一件容易的事情，实践过程中总是会跟孩子发生冲突。当冲突来临的时候，父母需要及时地撤出战场，找到自己的“冷静区”，先让自己和孩子平静下来。如果双方都处于情绪化的状态，这是根本不可能理性地交流与沟通的，孩子也不可能听从你的想法。

第三步：倾听孩子，理解孩子。当双方平静下来的时候，父母需要跟孩子进行有效的沟通。有效沟通的前提一定是耐心地倾听。这个时候，父母不要去指责孩子，不要对孩子所说的内容进行评判，不要去打断孩子，让孩子尽可能表述自己的想法。与此同时，要对孩子的情绪、感受、想法给予充分的理解，让孩子相信，父母始终是跟他们站在一起的，父母始终是爱他们的。

第四步：聚焦优点，鼓励孩子。当孩子感知到你的理解与关爱时，他们一定会被你感动，他们可能会跟你有更多的交流。这时候，父母需要聚焦孩子的优点，去鼓励他们，去欣赏他们，让他们充满自信。当孩子做了对的事情时，父母要及时给予鼓励，这是塑造孩子行为最好的时候。而当孩子做错事情的时候，父母要从事情中找到亮点，关注这件事情的积极方面，鼓励孩子去改善。

第五步，约定规则，科学管教。教育孩子不仅是让孩子感觉良好，我们需要让孩子有责任感，孩子需要懂得为自己的行为负责任。因为当亲子关系有了一定的改善后，父母需要跟孩子约定生活和学习过程中的各种规则，按照事先的约定，温柔而坚定地执行。同时，用教练引导式问题激发孩子的责任感和对自身的认知，帮助孩子自发地往积极的方向发展。只有这样，孩子才能慢慢地学会什么是责任，什么是义务，他们会懂得在边界内让自己变得更好。

第六步，优化环境，寻找同盟。父母可以积极地寻找同盟，优化孩子的成长环境。父母可以同家庭成员、学校老师一起努力，去鼓励孩子，让孩子在不同的集体中感受到归属感和价值感。与此同时，父母本身需要给予孩子积极、深度的陪伴，增进良好的亲子关系，让孩子更信任父母，让孩子更愿意跟父母交流，甚至跟父母推心置腹。这样，父母就更容易影响孩子，孩子的不良行为也会慢慢消失。慢慢地，孩子会变得更积极、更阳光、更上进、更有责任心。

在养育孩子的过程中，当你觉得烦恼、郁闷、痛苦的时候，你可以读一下纪伯伦《论孩子》这首诗，它可以让你平静下来，更理性地看待孩子。

你们的孩子，都不是你们的孩子，
乃是生命为自己所渴望的儿女。
他们是借你们而来，却不是从你们而来，
他们虽和你们同在，却不属于你们。

你们可以给他们以爱，却不可以给他们以思想。因为他们有自己的思想。

你们可以荫庇他们的身体，却不能荫庇他们的灵魂。

因为他们的灵魂，是住在明日的宅中，那是你们在梦中也不能相见的。

你们可以努力去模仿他们，却不能使他们来象你们。

因为生命是不倒行的，也不与昨日一同停留。

你们是弓，你们的孩子是从弦上发出的生命的箭矢。

那射者在无穷之中看定了目标，也用神力将你们引满，使他的箭矢迅速而遥远地射了出去。

让你们在射者手中的弯曲成为喜乐罢；

因为他爱那飞出的箭，也爱了那静止的弓。

很多父母都认为子女是自己的私有物，他们习惯干涉，甚至决定孩子的未来，可是他们不曾注意到，孩子有自己的思想，是有灵魂的，而他们也终有一天会去追寻自己的梦想，并离我们远去。

诗人纪伯伦通过这首诗，表达了他从根本上否定了父母把孩子视为私有物、附属物的观念，指出孩子是独立的，是与父母平等的个体，父母只能给予孩子爱，却不能给予他们思想、灵魂。这种思想对我们至今仍然有启发意义。我建议各位父母可以把诗篇中的“你们”改成“我们”，认真去读，认真去感受。

很多时候，我们跟孩子产生冲突是因为我们总是希望孩子按照我们的思想去成长，我们希望孩子听话。可是，如果孩子习惯听父母的话，那当孩子离开我们的时候，孩子要听谁的？孩子必将失去自我，变成习惯听从别人控制的木偶；我们希望孩子好好学习，可是，孩子不是工厂里生产出来的标准化产品，他们各有天赋，也各有短板。有的人数学成绩只有个位数，但并不影响他将来成为富豪，有的人学习成绩全年级倒数，可并不影响他们成为艺术家、音乐家、画家或者世界冠军。正因为孩子各有不同，世界才这么丰富多彩。作为父母，我们要坚信，孩子有无限可能，而我们也有无限选择。

著名心理学家李玫瑾女士曾介绍过自己的女儿，她的女儿从小学习成绩就不好，全年级 120 名学生，女儿一直处在 100 名之后。每次考完试，学校要组织 100 名后的家长开会，李玫瑾女士几乎每次都去，很多家长都很好奇地问："李老师，为什么你也在这里？不应该呀！"李玫瑾回答说："我为什么不能在这里，孩子各有不同，我的女儿只是学习不好，可是她唱歌很好听呀！我培养她唱歌就好了呀！长大当个音乐老师也很好呀！如果她教不了大学音乐，那就教中学，教不了中学那就教小学，要是小学也教不了那就去教幼儿园。只要她喜欢，只要她幸福快乐，这不就是我们作为父母最想要的嘛！"其实，李玫瑾就如她所说的，找到了女儿的闪光点，并放大它，女儿最终走上了音乐的道路，现在过得非常快乐且幸福。

各位父母，我们需要深刻地反思，你可以说孩子是你的，可问题是，孩子的生活是孩子自己的，你不可能永远代替孩子去过他们的生活。在亲子相处过程中，你无须去控制他们，当然你也控制不了，你能做的，只需要为孩子设立一个基调或者方向就好。只要大方向是对的，很多细小的事情，都可以给予孩子一定的弹性。同时，我们要给孩子无条件的爱，并言传身教地让他们学会应对生活的技能和品质。只要你能这么想、这么做，你就能真正地赢得孩子，而孩子也一定会比你想象中的更优秀。

解决孩子具体问题的思路

孩子叛逆怎么办？孩子有网瘾怎么办？孩子厌学怎么办？孩子早恋要怎么去处理和引导？

在开始处理孩子的特定问题前，我们需要先明确一点，不管孩子有什么问题，从根本上来讲，都是有一些共性。而这些共性，都需要我们先达成共识。只有找到本质的东西，你的解决方案才是有效的。

第一，孩子可能会有各种各样的问题，出现这些问题有一定的偶然性，但是也有一定的必然性。我们认为，一定是在孩子的成长过程中，有些东西缺失了，那既然有东西缺失，父母首先要做的就是把这些东西补上来。“对安全感、归属感、价值感的追求是人的天性”，无论孩子目前是什么问题，你都需要从这几个方面去思考，去判断孩子出现问题的本质原因是什么。

有一位妈妈因为孩子网络上瘾来求助，通过简单交流，我们提出要从本质着手。因为不处理本质，孩子即使不上网打游戏了，也一定会有其他的问题。但是，这位妈妈非要跟我们说，其他不用管，就处理网瘾这个问题就好。按照她的要求，我们对孩子进行了相应的干预，网瘾问题也确实处理好了，可是，过了两个月，这位妈妈又来了。她说：“老师，我们还是处理本质问题吧！因为我孩子现在虽然不上网打游戏了，可是开始看小说了。”你看，如果孩子最本质的东西没有弄清楚，那么你所说的问题，要么解决不了，要么又会衍生出其他的问题。解决问题要从本质着手，我们需要去发现孩子出现问题的本质原因。

第二，在孩子的事情上，父母应该遵循一定的原则。什么原则呢？那就是“谁痛苦，谁改变”。对父母而言，是我们对孩子打游戏、厌学、早恋等问题感觉到很痛苦，可是这些事情对孩子而言，只是他们的解决方案。举个例子，孩子觉得无聊、没劲，打游戏这件事情就是处理无聊没劲的解决方案。同理，孩子不喜欢学习，有厌学情绪，可厌学很可能是孩子为了避免价值感受挫才想出来的方案。那么，既然孩子的这些解决方案父母不能接受，那父母就得找出相应的解决方案，并且这些方案是孩子认可的。所以说，如果你想让孩子改变，父母本身就需要做很多的调整。比如，对待孩子的态度，跟孩子聊天的方式，以及跟孩子相处的方式等。

第三，想要处理孩子的问题，就得直接面对孩子，跟孩子沟通。如果你都不跟孩子接触，不跟他们交流，孩子的问题自然也很难解决。那么，想要跟孩子接触，想去影响他们，那你跟孩子之间的关系怎么样呢？这件事情，你得先处理好。没有良好的亲子关系，孩子根本就不信任你，自然就不想跟你对话，那么，无论如何，你都没办法让孩子转变。

第四，处理孩子问题的核心，在于先处理自己的情绪，以及对孩子的接纳程度。如果你总是很着急，总是太焦虑，就很难理性地面对孩子，也很难做出很多理性的行为，也必然会让孩子远离你。想要改变孩子，基本上是痴心妄想。同时，你是不是完完全全地接纳孩子？只有你接纳了，你才能做到真正意义上理解他们，他们的心门才会真正意义上向你打开。那么，你才有可能影响他们，并且帮助他们转变。

以上这四点，相互依存，缺一不可。只有把这些事情搞清楚、弄明白了，才能对孩子的特定问题进行针对性处理。

其实，在今天的这个环境下，厌学跟网瘾经常同时存在，表面上看是孩子迷恋网络导致学习成绩下降，进而开始厌学。但我们经过大量的研究发现，孩子其实是先开始厌学，然后迷恋网络。只有极个别的孩子是因为喜欢学习，才发现了网络这么一个全新的、精彩的世界，然后，开始迷恋网络导致学习成绩下降。实际上，不管是厌学网瘾，还是叛逆早恋，出现这些问题的本质原因，是在孩子成长的过程中缺失了某些东西。

有很多家庭，他们的孩子上小学的时候很听话，也很喜欢学习，跟妈妈的关系很好，但是爸爸长期比较忙，对孩子的关注相对较少，当孩子到了小学五六年级，特别是上了初中，尤其是男孩子，就开始出现一系列的问题。这是为什么呢？因为孩子在小学的时候，年龄还小，所以还是比较依恋母亲的，妈妈说什么话，孩子基本还是愿意听的。但是，随着年龄的增长，孩子逐渐发现妈妈很多时候是比较落后的，有些事情妈妈是起不到作用的，感觉妈妈很多时候还不如自己想得透彻。因为妈妈是女人的天性和妈妈这种天然的角色，所以她们更关注孩子的生活细节，更关注孩子的生活起居以及行为习惯，所以妈妈也更容易焦虑。而爸爸更擅长把控大方向和引导孩子面对有挑战的未来。

按理说，这个时候，父亲就需要发挥作用，需要帮助孩子解决生活中的困难，锻炼孩子的各方面能力。但是，很多时候，因为父亲对孩子关注的缺失，导致孩子缺少在社会生活中的各方面锻炼。孩子没有信心，没有价值感，找妈妈也解决不了问题，导致孩子慢慢地会去回避那些有挑战的事情。同时，青春期的孩子，有一个自我同一性的建立，孩子需要整合很多的东西，来获得自己的经验，以及找到自己的方向。可是，因为没有人去引导孩子，导致孩子找不到方向和意义。

众所周知，到了初中阶段，学习的难度和负担越来越重。一些孩子因为价值感受挫，找不到意义感，所以会越来越不想面对学习这种有一定难度的事情。简单来说，孩子首先不知道学这些东西有什么用，没有方向，其次又对学习这件事没有信心，相对应的学习成绩也会一路下滑。但是，孩子也是有自尊的，孩子也希望自己更好，也希望自己有价值，挑战与能力不相符怎么办？孩子很烦恼，很焦虑，因为价值感和成就感缺失了，没有正确的方向，他会迷茫并盲目探寻，自然而然地就进入网络的世界。

因为，网络世界带给孩子的认同感和价值感是非常及时的，孩子会非常享受这个过程，这是现实世界里孩子得不到的东西。当然，也有的孩子不迷恋网络，但是他们一定会找到其他的事情来满足自己，比如加入学校或者社会的不良团伙，比如校园霸凌或者其他事情。当孩子发展到这个阶段的时候，很多父母就开始着急了，直接的反应就是对孩子进行批评、指责、说教，但这些方式并不能解决本质的问题。结果孩子越来越叛逆，成绩越来越差，越来越沉迷于网络。这就像是一个恶性循环，如果找不到核心的点，孩子的问题基本上是解决不了的。99%的孩子也就这样堕落了，为什么还留了1%？这是因为有极个别的孩子，他们因遇到某一件事情或者某一个人，找到了自我价值，他可能会改变。但这种情况极为罕见。那父母们应该怎么做呢？

首先，我们要明白，孩子出现厌学或网瘾，以及其他的各种问题，是因为孩子在成长过程中有可能缺失了安全感、归属感和价值感。之所以有所缺失，是因为孩子和父母之间的联结出现了问题。有的家长说，孩子从小跟父母一起长大，没有父母的缺席，为什么也会出现这样的问题？

请注意，孩子缺失的是精神层面的一种感觉。你们虽然都陪伴在孩子身边，可是这陪伴只是帮助孩子身体上的成长，你们的教育方式很可能让孩子感受不到安全感和归属感，你们没有引导和教会孩子必要的人生技能。在孩子看来，你们只是给他提供活下去的必要生存物资。但是，面对社会，面对生活，孩子是无助的。他们找不到自我价值，找不到自己的意义，不知道自己的方向究竟在哪里。很多的孩子因此而抑郁，甚至精神分裂。

所以，大家也不要过于批判网络游戏，很可能正是这些游戏让一些孩子找到一点活下去的感觉。当然，这属于极端的情况，但并不代表不会发生。也有的家长说："我们说了呀！我们告诉孩子要好好学习，好好学习就能有一个好的未来，就能赚很多钱""我们告诉孩子不要打游戏，打游戏会毁了你"。

可是，各位家长，你说的这些话可能只是你的需求，你可能并没有考虑孩子的需求，并没有考虑孩子的感受。孩子从早上六点半起床，一天待在学校，晚上九点半才到家，他就要求玩一个小时的游戏放松下自己，这个要求你觉得过分吗？我们成人需要放松，孩子也是需要的呀！再者，你跟孩子说好好学习就可以赚很多钱，可是在我们目前的生活环境下，孩子不愁吃、不愁穿，想要什么有什么，你觉得他能明白你这句话的意思吗？你觉得孩子会理解学习跟赚钱之间的关系吗?

当然不会，他们唯一能感受到的就是：学习都是为父母学，学习是个苦差事，能有机会不学，决不去学。因此，想要解决厌学或者网瘾的问题，父母首先要做的是重建跟孩子之间的联结，给孩子提供安全感，理解孩子，让孩子感受到你的爱，然后在生活中鼓励孩子，激励孩子，不断地创造场景锻炼孩子，让孩子重获信心。

当然，建立良好亲子关系，让孩子重获信心还不够，父母还需要帮孩子扫清各种障碍，要教会孩子处理与社会的关系，或者说跟其他人的关系。为什么这么说呢?因为孩子是社会人，孩子不得不跟社会中的各种人打交道，他需要融入不同的组织。有的孩子跟老师的关系不好，老师不喜欢他，他也不喜欢老师；有的孩子跟同学关系不好，经常受到同学的排挤……要知道，一个人被一个组织排挤是非常痛苦的。

心理学家曾经做过一个实验：一个人跟另外两个人做游戏，游戏的内容很简单，就是互相传球。刚开始都是随机传球，到后面心理学家做了调整，让另外两个互相传，但是始终不给测试者传球。这个时候用仪器查看这个测试者的大脑，结果显示，大脑负责疼痛的区域有了明显的变化，其程度就像一个人被刀子割伤一样。

这个实验表明，一个人被他人排挤是非常难受的。在这种精神状态下，孩子总是患得患失，忧心忡忡，在这种情况下，想要搞好学习是绝对不可能的。当然，孩子跟社会连接，跟他人连接的基础一定是跟父母的连接，只有跟父母的连接是足够的、充实的，孩子才会自然而然学会跟外界连接。

实现家庭和社会的连接后，这时候的孩子是有信心的，是有价值感的。同时，孩子是愿意听从父母的意见的。这时候，父母就可以引导孩子去学习，去克服网瘾。具体要怎么做呢？首先，对于学习而言，父母最开始要做的就是给孩子找到学习的动机，或者学习的动力，要让孩子自我驱动。孩子不想学习，往往是因为他们根本不知道学这些东西除了升学还有什么用。

因此，有条件的父母，可以带孩子去世界各地看看，让孩子切身感受到原来世界这么精彩；带他们去国内外的名校，让他们在这种环境的熏陶下找到学习的目标；让孩子去接触不同阶层的人，让他们真正感受到“知识可以改变命运”这句话。俗话说得好，读万卷书不如行万里路。孩子很聪明，他们经历多了，体验多了，自然分得清楚好坏，自然会找到学习的动力。

解决动力的同时，父母需要不断地鼓励孩子。在生活中，多给孩子制造一些场景，比如让孩子帮忙做一些家务或者其他一些事情，让孩子提升价值感，多挖掘和鼓励孩子的特长，通过特长提升孩子的信心。然后，从某一个学科开始，通过努力，让这门学科帮助孩子找到学习的成就感，让孩子找到学习的信心。

成就感（价值感）非常重要，一旦某一个人在某一件事情上找到感觉，接下来就会不断地扩大。举个例子，妻子第一次做饭给老公吃，老公吃了第一口后说：“哇！原来你做饭这么好吃!”妻子听到后一定非常高兴，这就是成就感给人的感觉。对孩子来说也一样，一旦收获成就感，他的主动性和价值感就会一触即发，持续增强。

当然，在获得学习成就感的同时，父母也要着眼于孩子当下的学习水平，帮助孩子了解自己目前究竟处于一个什么水平。有的孩子虽然读初二，可是对初一知识的掌握还是一塌糊涂，这时候我们只需要让孩子尽可能跟上初二的课程进度就好，重点是去补之前落下的内容。为什么要这么做？有两个好处，一个是前面的知识对孩子而言相对简单，因此更容易获得成就感；二是前面的知识可以让孩子的知识基础更为扎实，缺失的知识也会慢慢提升上来。

孩子打游戏的问题要怎么解决呢？一般情况下，如果孩子在学习上找到了感觉，学习成绩自然而然就会提高，那么孩子的自信心和价值感就会逐渐提升。正常情况下，孩子会慢慢减少上网的时间，因为孩子在现实世界里已经找到感觉了，基本不需要网络游戏里那种虚拟的价值感。同时，现实世界带给人的那种成就感要比网络来得更持久。当然，建议父母给孩子一定的弹性空间，不能让孩子完全不碰网络。你总不能让孩子一直学习，人总要休息，总要放松的嘛！作为父母，我们很多时候不也是抱着手机刷来刷去。孩子也一样，在这一点上，我们与孩子是共通的。

最好的办法，就是你给孩子找点放松的事情做，你可以帮孩子找到一些替代网络的事情，比如跑步、游泳、打篮球等。这些活动带给孩子的快乐，或者带给孩子大脑的那种快乐激素要比游戏多得多，孩子更容易投入进去。同时，这些活动是健康的，是有助于大脑发育的，可以帮助孩子提升学习的效率。

有一个家长，她给孩子报了一个乒乓球的培训班，教练上完第一节课后跟她的孩子说："我当教练挺多年了，但是还从没碰到像你这么有悟性的学员，好好学，我觉得你太有潜力了。"从此孩子爱上了乒乓球，整天吵着要去练习。你看，是这个孩子真的有悟性，真的有潜力吗？并不是，是因为她妈妈在报名的时候让教练这么说的，她希望教练这么讲。你看，这才是聪明的家长。他们懂得如何引导孩子往积极的方向发展。

其实教育孩子真的不难，只要你用心，你一样可以做到。过去因为你不懂，所以导致孩子出现各种各样的问题，现在你只要通过不断学习、不断改变，孩子一定会发生变化。还是那句话，孩子就像一粒种子，给予阳光和土壤，他自然而然会长成参天大树。而你真正要做的，就是相信他们，理解他们，支持他们！

如何快速、彻底解决孩子的叛逆

孩子叛逆了，亲子关系很可能会受损，孩子平时跟父母沟通交流的窗口很可能已经关上了，那就意味着，父母很难去影响和引导孩子了。因为孩子根本就不听你的，根本就不想跟你沟通，你想跟孩子达成其他事情上的合作是非常难的。

你走在街上，被一个人撞了一下，当你发现对方是个陌生人，你可能会立刻生气，可是如果你发现对方是跟你关系非常好的朋友，你可能不仅不会生气，甚至还有点开心，还会说："哇，是你呀！"

一个孩子如果跟某一个老师关系很好，那么通常情况下，这个孩子会对这门学科感兴趣，也会愿意花时间投入。

大家都生活在关系中，没有一个人敢说他可以逃离关系而独立生存。对家庭来说，夫妻关系是首要的，因为夫妻是一个家庭存在的核心。而在夫妻关系之下，就是亲子关系，亲子关系是家庭教育的前提和基础。如果你们的亲子关系因为种种原因受损，那么父母作为成年人的经验和影响力是无法传递给孩子的。

举个例子，在寒暑假的青少年训练营中，虽然我很严厉，但是孩子们跟我的关系非常好，好到等他们结营回到家的很长时间里，父母仍拿我来影响孩子，比如说："如果你还是这样的话，我就跟老师说!"孩子通常都会配合，这是为什么呢？很明显，孩子不是因为怕我，而且因为我们不会经常见面，孩子其实是怕我失望，他们知道我很理解他们，很信任他们，他们也很尊重我。这就是关系的力量。

所以说，在处理孩子的问题前，要先处理关系。"有关系就没有关系，没关系就有关系"，什么意思呢？如果关系足够好，不管你怎么说、怎么做都没事，问题不是很大，孩子基本都会配合，可如果你的关系不好，那么无论你怎么说、怎么做，孩子都觉得不对，都不想配合。

青春期的孩子，叛逆这件事情，或多或少都会涉及。

有一个男孩，上了初中之后，学校要求学生们不能留长头发。可是，这个男孩就比较倔强，全班就剩下他还没有剪短。老师通知家长，希望家长协助，配合学校的工作。

妈妈就跟这个孩子说："你看，学校有这种规定，咱们作为学生，就应该配合，而且现在天气这么热，你这么长的头发不是也很难受，还是剪了吧!"

孩子回复："我是来上学的，不是来坐牢的，头发长短是我个人的自由，我喜欢长发，凭什么学校要侵犯我的人权？而且剪短了实在是太难看了，我坚决不剪！再说了，初中是义务教育，既然是义务教育，老师就好好教书，把他的义务做好就行了，为什么要管我个人生活问题？"

妈妈特别苦恼，因为老师已经联系她很多次了，但是孩子死活不听，后面没办法，妈妈强行拉着孩子把头发剪了。在这之后，妈妈跟孩子彻底对立了，妈妈动手打了孩子。孩子一气之下，拒绝去学校，说："你们侵犯我人权，凭什么非要让我按你们的要求去做，我现在选择不去上学了。如果你们再逼我，我就离家出走。"

果不其然，孩子真的就不去学校，每天把自己锁在房间，只有吃饭的时候才出来。父母软硬兼施，孩子就是不为所动。而且多次收拾行李，准备离家出走。

上述案例中，父母和老师的要求有错吗？好像也没什么错。在社会生活中，遵守一些特定的规则，这很正常，并没那么过分。但是，孩子有错吗？看过去也没什么错，孩子说得似乎也有道理。这么看来，好像大家都没错，那为什么会有后面的冲突呢？这就是我们今天需要讨论的。对孩子而言，他已经上过三年的幼儿园，六年的小学，他应该知道作为学生要遵守学校的规定。那他能不能感受到头发长，确实很热，或者说他懂不懂父母说的是对的，是为了他好呢？我想，他肯定也懂。那他为什么要这样做呢？这就是我们说的，这个孩子开始叛逆了。那么，究竟什么是叛逆呢？

1. 什么是叛逆

所谓叛逆，顾名思义，就是反叛的思想、行为，经常违背他人，常常做出一些出乎意料的事。叛逆呢？是一种"长大了"的感觉，是一种强烈的自我表现欲，在思维形式上属于"求异思维"，希望通过自己的"标新立异"，甚至是"唱反调"，来引起别人注意。

按我的理解，什么叫叛逆？叛逆，就是就算知道你说的是对的，但是我也不听，我就是要跟你唱反调，就是要否定你。那么，在家庭这个系统里面，孩子在否定什么？他们就是在否定父母认为正确的事情，父母认为有意义的事情，以及父母喜欢的事情。可孩子为什么要否定呢？为什么要跟你唱反调呢？是因为他们天生跟父母不一样吗？并不是。很简单，孩子跟父母相处了十几年，你们的价值观和想法，在大方向上基本是一致的。

所以，父母不用担心孩子是不是个天生的坏蛋，他们所表现出来的那种恶意，以及很多恶劣的语言、行为，绝对不是他们的本意。你要明白，问题再严重的孩子，都承认他们是爱爸爸妈妈的。那么，是因为他们不懂吗？当然不是，他们当然懂，那么为什么要这么叛逆呢？

（1）心理、情绪的不成熟

这个时候的孩子，他们的心理还不够健全，情绪管理能力还不够完善。因此，当孩子冲你大喊大叫的时候，并不是说孩子真充满恶意，真想要让你难堪。只是因为他们确实控制不住自己，他们没有办法很好地管理自己的情绪。同时，他们的心理能力和意识，还不足以去充分地理解他人。通俗点说，他们还不怎么擅长换位思考。所表现出来的那种叛逆，也并不是他们的本意。

（2）孩子处在矛盾之中

对孩子而言，他们觉得自己已经长大了，内心当中他们是想独立的，是想走出去的。可是，客观的社会又给他们很多外在的限制和规则。这对孩子而言，就太纠结、太拧巴了。我明明是想变得更强大的，是想要逃脱的，是想要突破的，可是又被各种规则限制着。这种无形的压迫感，让孩子非常矛盾，非常纠结。有一项调查显示，美国青少年受到的各种限制规则的数量，10 倍于成年人，2 倍于海军陆战队或者重刑犯。注意，我们说的是规则的数量，不是程度。但即便如此，我们换位思考下，你就知道一个人处于这种状态，是多么纠结，多么压抑。哪里有压力，哪里就有反抗，所以，矛盾中的孩子容易跟父母、老师等发生对抗。

（3）父母的角色固着

从父母的角度来看，父母其实也很纠结，很多时候拿捏不准。比如说，如果有一个天平，一边是我们其实是想让孩子长大、独立，另外一边又觉得孩子还不够成熟，需要对他进行一些边界的管教。那这个管教的度，就是父母很难去衡量的。管教得紧，孩子没法长大；管教得松，又怕孩子跑偏。

所以，可想而知，对父母来说，很多时候也是无所适从。但是，根据研究表明，如果孩子的叛逆程度严重，那么十有八九是因为父母的管教过度了。也就是父母的角色还没有转换过来。比如，当孩子上了小学后，很多父母还是在给老师发信息，让老师帮忙照顾孩子穿衣服、喝水之类，这些生活问题本来应该在幼儿园就要完成的。这就是一种角色固着。

再比如，当孩子进入青春期后，他的内心会认为自己就是个成人了，有自己独立的人格了，可是，如果你对孩子还像他小时候一样，不停地指责打骂，孩子必然要跟你反抗。试想一下，有一个人比你成熟、比你稳重，但是整天对你吆五喝六的，批评指责你，你会有什么样的感受？所以说，父母的角色固着，也是导致孩子产生叛逆的一个非常重要的原因。

总的来说，孩子之所以叛逆，不是因为他们不懂，而是因为他们在反抗外部环境产生的一种心理表征。我反抗你，就是要告诉你，我长大了，我要自己说了算，我想要自己的独立的空间和自由，我想要变强。那作为父母，要怎么做才可以既让孩子成长，又不至于让他们跑偏，进而在整个过程中保持和善又坚定呢？

2. 我们怎么办

（1）接纳孩子，充分理解孩子出现问题的原因

你还爱孩子，对吗？你是希望他变得更好，对吗？所以，我们首先要充分地、彻底地接纳孩子。想要孩子改变，只能在接纳现状的基础上去努力。许多家长会纠结：我的孩子本来应该是什么样的？我的孩子绝对不能这样！这些“应该”“绝对”，根本就不是解决问题的态度。那么怎样才能做到接纳呢，请各位父母认真回答下面几个问题：

A. 孩子已经出现问题了，事情已经发生了，不管我接受还是不接受，之前的事情能改变吗？

B. 即便孩子是现在这个情况，请问：你还爱他吗？

C. 孩子目前的情况是最糟糕的吗？难道真的无法挽回了吗？请认真想想，如果不是及时地发现问题，孩子的情况很可能会有怎样的恶化？

D. 孩子目前出现的问题，我最害怕的是什么？既然问题已经有了，接下来我希望得到什么样的结果？

E. 孩子之所以出现今天的情况，难道是孩子天生就这样吗？

在孩子成长过程中，作为父母，我们做错了些什么？我们要为孩子今天的问题承担什么责任？

F. 我们之前对孩子的教育方式、跟孩子的交流方式真的有用

吗？如果我们不改变，孩子有可能自然变好吗？

想清楚上面这些问题，我们自然而然就接纳了孩子。这时，我们再认真地分析一下，究竟是哪些原因导致我们的孩子变得这么叛逆。下面列出一些可能的原因，你可以参考一下，针对性地去处理：

A. 家长专制思想仍然存在，家长对子女的教育缺乏民主意识，总认为孩子还不成熟，要绝对服从自己，不能有自己的看法，否则就是“忤逆”“对着干”。因此，孩子不会或很少会把父母当成自己的倾诉对象，怕自己做错事后，受到家长责备。在调查中发现，许多中学生在做错事后，最反感家长的指责，而对他们反感的原因，往往与事情无关，而是因为家长们盛气凌人，态度生硬。

B. 家长认识上的错误，造成教育方式不当。家长缺乏普通的心理学常识，对子女教育急于求成，方法简单粗暴，经常无视子女的自尊心和心理承受能力，特别是孩子犯错误时，不是与孩子们一起分析错误，商量补救办法，而是责骂甚至殴打孩子，使孩子感到孤立无援，产生叛逆心理。

C. 缺乏与孩子的双向交流，产生思想矛盾。随着孩子成长，其独立意识渐渐增强，要求有自己的处事方式，不希望受到过多的管束。有些家长出于对孩子的保护，什么事情都替孩子做，孩子渴望独立与家长不恰当的好意关心，就会产生思想上的冲突、矛盾。也有一些家长，因为工作繁忙，很少与孩子谈心，进行思想交流，只是定下一些严格的规定来约束孩子的行为。因此，一些孩子没有一个和谐温馨的家庭环境，与父母缺乏交流，很容易就会产生叛逆心理和叛逆行为。

以上这三点，是父母跟孩子之间的连接出现了问题，导致了孩子的叛逆。这也是导致孩子叛逆最主要的原因。除了这三点，还有一点容易被人忽略——夫妻关系。

很多父母不理解，夫妻关系跟孩子叛逆有什么关系？事实上，关系非常大。在我们的咨询实例中，探讨到最后就发现，只要夫妻关系缓和了，孩子的叛逆问题也就相应消失了。这是为什么呢？一个人的行为不仅受到意识的影响，也受到潜意识的影响，很多时候，孩子为了保障自己内心中的安全感，在潜意识层面会想办法维护家庭的稳定。夫妻吵架，给孩子的感觉，往往是家庭很可能崩溃，孩子的潜意识，很可能会通过自己的叛逆，来维护家庭的稳定。因为，孩子发现，只要自己叛逆，自己不听话，父母就会从原先的争吵状态变得很团结了。虽然会遭到父母的打压，可是孩子内心会觉得安全。所以，家长们一定要注意这方面的因素。

(2）掌控自己的情绪，避免大喊大叫和权力争夺

父母要控制好自己的情绪，避免跟孩子大喊大叫，以及跟孩子进行权力争夺。因为大喊大叫和权力争夺起不到任何作用，只会让孩子的叛逆问题更加严重，让亲子关系变得更差。你可以通过前面提到的“心灵工具”，训练自己的情绪管理能力，通过用“关于冲突”的处理办法，来解决一些突发的冲突。

(3）帮助孩子克服消极情绪，倾听和理解孩子，构建良好亲子关系

这个世界上，有一件非常厉害的“武器”——爱。一次又一次地倾听，一次又一次地理解，就是对孩子最大的爱。当你做到让孩子感叹“哇！你好懂我”时，孩子的心门自然而然会向你敞

开，你们的亲子关系才会变得更好。这时，孩子才更有可能听你的。

具体来说，当遇到特定的问题，父母可以先对发生的事情进行不带评判的描述。比如，你可以跟孩子说："咱们之前约定的是晚上六点前到家，现在的时间是七点。""我注意到现在的时间是八点，咱们约定的是晚上九点前交手机，对吧？"对事情描述之后，父母可以表达出自己的感受和需求，比如，"妈妈担心你的眼睛会近视""妈妈希望你有一双健康的眼睛"。

如在前面学校要求孩子剪头发的案例中，父母可以这么讲："妈妈其实也很郁闷，学校的这种规定让妈妈也很为难。"在这之后，父母可以用之前的"倾听和理解"，引导孩子阐述自己的想法，鼓励他们表达自己的意愿，并且让孩子列出几个选择，跟孩子一起探讨每种选择可能产生的结果。

比如，"儿子，老师找了妈妈好几次，希望咱们配合，妈妈其实也觉得长头发确实很帅，但是目前卡在中间，不知道该怎么办。儿子你有没有什么好的建议和办法，可以解决这个问题的，说出来我们一起探讨。"

当你这么耐心、和善地问孩子的时候，其实孩子就有了选择权。而且，他觉得你是理解他的，他自然知道好坏，自然知道哪个是对的，哪个是错的。

对这个孩子而言，妈妈给了我选择权，那么我可以选择体谅妈妈目前的为难，然后把头发剪了，当然也可以选择无视妈妈的感受，坚决不剪。如果亲子关系前期铺垫得好，那么孩子基本会满足妈妈的需求，毕竟孩子是爱妈妈的。而"短发是学校的规定，你必须得剪"这种话对孩子而言，就是没有选择权。没有选择权的结果就是：你说的是对的，可是我不听。你不给我选择权，那好，我就不选。

（4）欣赏孩子、鼓励孩子，激发孩子积极转变

孩子的改变，是一个过程，是需要一些时间的。为了更好地缩短时间，更好地让孩子转变，我们要记得从关注缺点到关注优点，我们要经常性地鼓励孩子，去欣赏他们。你要知道，一个行为失当的孩子，是一个极度缺乏自信的孩子。孩子之所以有这样那样的问题，是因为孩子不知道如何正确地获得自己想要的东西。他们失去了信心，缺乏价值感，不愿意走出自己的舒适区，不敢去尝试。家长需要通过欣赏和鼓励，帮助孩子恢复信心，建立价值感，让孩子感觉好起来。

所以，可以通过制造场景，例如跟其他人聊天，间接地而非刻意地去欣赏或者表扬孩子，并尽可能让孩子听到。你可以跟孩子的爸爸说："其实我觉得儿子短头发更帅。""我觉得儿子很懂事，懂得照顾我们的感受。"当然，你也可以通过直接跟孩子说，或者每天用纸条、短信表达你对孩子各个方面的欣赏与感谢。

（5）深度沟通，聚焦解决问题

如果一个人对你非常好，非常善于理解你，而且经常性地鼓励你、欣赏你、认可你，你会跟这个人闹吗？当然不会。谁都喜欢听好话，喜欢别人认可自己。当然，我们教育孩子不仅是为了让孩子感觉更好，而且要让孩子成长，让孩子有应对生活和学习的责任感。所以，此时你可以经常性地跟孩子进行深度沟通，聚焦各种问题，通过"引导式谈话"工具，一步步地去引导孩子作出选择，构建他们的责任感和行动力。具体的步骤是：

第一步，先跟孩子明确自己的目标。你可以问一问："儿子，

这件事情你是怎么想的，有没有什么目标?”“你想什么时间实现?”“你觉得实现这个目标的标志是什么?”

当目标清晰之后，再跟孩子分析现状，你可以问：“孩子，目前我们是个什么状况?”“儿子，你如何知道这是准确的信息?”“这是什么时候发生的?”“目前这种情况，你觉得跟谁有关系，他们分别是什么态度?”“你做过哪些努力来实现目标?”“你感觉是什么原因导致你不能实现目标?”“你觉得跟你有关的原因有哪些?”

对现状了解清楚后，我们可以鼓励孩子说出他自己的一些想法和选择，比如说：

“孩子，为了改变目前的情况，你觉得你可以做点什么?”

“有哪些可以选择的方法?”

“你曾经见过或者听过别人都有哪些做法?”

“哪种选择你觉得最有可能成功?”

“你觉得各种选择的优缺点是什么？可能的后果是什么?”

“还有吗？……”

“你觉得你采取行动的可能性有多大?”

“要是可以改变一些东西来提高行动的可能性，你希望从哪里开始调整?”

当选择阶段了解清楚后，父母可以跟孩子一起列出计划，具体可以问这样一些问题，比如：

“你接下来要做什么？”

“你觉得下一步，你要做什么？”

“你觉得什么时间是采取行动的最好时机？”

“你觉得我们行动过程中，可能遇到些什么困难？”

“要是遇到障碍或者困难，你会怎么做？”

“你还需要得到谁的支持？”

“你觉得什么情况下需要支持？”

在孩子后期执行的过程中，父母需要不断地应用前面的步骤，去欣赏他们，鼓励他们，把注意力放在孩子有没有进步、有没有改善等方面。千万不要急于求成，导致情绪失控，进而引发新的冲突。

通过以上步骤，我相信孩子的叛逆行为会越来越少，你们的亲子会越来越紧密。当然，除了这些，父母要随时保持谦逊的态度，需要不断地学习，不断地成长。你要相信，青春期的孩子，他们很喜欢明星或者一些榜样，他们会向这些榜样学习，而如果你通过提升自我，可以成为孩子的榜样，让孩子崇拜你，那么你还担心“hold”不住他吗？

所以，不要埋怨孩子不听话不懂事，很多时候，是我们的教育方法，我们的能力“hold”不住孩子了，孩子觉得你“low”。所以，要么我们用爱去感化他们，要么用实力去说服他们，这才是解决问题的终极办法。如果你还是发脾气、唠叨、批评指责，你才是那个没长大的孩子。所以，认真学习，提升自我，用真心去爱孩子，去理解他们，孩子一定会比你想象中的更优秀。

如何快速、彻底解决孩子的网瘾

上网打游戏，这个问题非常普遍，特别是青春期的孩子，这不仅影响孩子的学习，还会影响孩子的身体健康，让父母们非常头疼。

> 有一个孩子，因为打游戏，学习成绩一落千丈，又从网络上结识了一些不三不四的人，跟他们称兄道弟，还不允许父母提，一提就炸，还经常以离家出走或者断绝亲子关系来威胁父母，让父母不要干涉自己的爱好；另一个孩子，因为家里不让玩，就想法子去网吧玩，饿了就在网吧吃泡面，困了就在网吧睡一会，钱花光了就跑回家，想方设法骗钱去上网。而父母呢？就算知道孩子要钱是为了去上网，可是又不得不给，怕孩子做出更极端的行为。

类似的情况，有许许多多。那么究竟要怎么处理这个问题呢？

首先，需要先判断一下孩子对网络依赖的程度，看看究竟是生理性成瘾，还是普通的网络依赖。根据程度的不同，采取相应的办法。

那要怎么判断呢？主要有这三个诊断标准：

1. 孩子在网络方面是否“不可控”，孩子无法控制上网，一天不上网，不打游戏就觉得浑身难受，哪里都不自在。

2. 孩子在网络方面是否有“优先性”，把网络当成自己生活当中最先考虑的事情，比上学、吃饭、见朋友、出去玩等更重要，至于学习、休息、身体状况等通通靠边站。

3. 孩子在网络方面是否具有“后果性”，即上网产生了很多负面影响，但是仍旧继续玩游戏。其后果已经导致个人、家庭、社交、学习等方面受到严重损害。比如，就算出现被学校退学、身体疾病、家里父母批评、没有朋友等后果，但是孩子依然要玩。

如果孩子同时具备以上三种，而且持续的时间已经超过半年，那孩子很可能是生理性成瘾。它会伴随着一些心理方面的问题，需要带孩子去医院进行详细诊断。如果你觉得孩子并没有同时具备以上三种情况，而且时间也没有超过半年，孩子可能只是依赖网络，并没有我们想象得那么严重。

了解清楚孩子网络问题的程度后，再分析一下具体的原因。上网打游戏这个问题，并不单单是孩子的责任，往往与家庭、学校、社会都有关系。

首先，是好奇心的驱使。人类区别于动物，很大的一个特点就是人类是有好奇心的，特别是对于青春期的孩子，他们的求知、求新、求奇欲望是非常强的，越是新鲜的东西，他们越感兴趣。

而且，对这些新鲜事物的认同能力和接受能力都非常强。在我们生活当中，很多信息都是通过网络传播，连作业、上课很多时候都会依赖网络。因此，在这种好奇心和虚荣心的双重驱动下，孩子很容易就被网络吸引。

其次，网络本身就有很强大的诱惑力，网络游戏、网络聊天等，可以最大限度上满足孩子的心理需求。同时，孩子的意志力还比较薄弱，又喜欢群体活动，相互之间会相互模仿、相互攀比，通过网络，可以满足自己的幻想。在现实生活中得不到的认可和尊重，可以在网络世界里轻松得到。

除此之外，家庭因素也是孩子依赖网络一个非常重要的原因。很多时候，父母觉得孩子是因为网络才导致学习成绩下降，然后开始厌学。然而，大量研究表明，孩子是先厌学，然后才迷恋网络。因为父母教育方法不得当，期望过于单一，没有让孩子养成正确的学习观，让学习成绩成为孩子价值感的唯一来源。同时，在孩子成长过程中，父母包办的事情太多，孩子也认为学习是为父母学，从而缺乏学习的内在动机，也没有学习的责任感。此外，家庭成员之间的关系、和谐程度、趣味程度等，都对孩子有着很大的影响。对孩子来说，生活上没有归属感和价值感，很少得到他人的认可和鼓励，又没有什么乐趣可以体验，还得面临同学、父母、老师的各种压力，此时，躲进网络无疑是他们认定的一个很好的选择。至少在网络世界里，可以无拘无束，畅所欲言，可以轻松地得到认可，让自己感觉到快乐。那种归属感和价值感让孩子痴迷于其中，不能自拔。

所以说，为什么父母之前的处理办法无法得到预期的效果，原因就在于把问题归结到孩子身上，认为是孩子的错。于是，要么苦口婆心地劝说，要么对孩子进行说教、指责、批评和打骂，最终加倍触及了孩子叛逆的神经，让孩子更加沉溺于网络，进入了一个怪圈：孩子玩→父母打骂→孩子玩得更疯狂→父母再打骂→孩子越陷越深。

实际上，孩子的问题，通常是家庭系统内部的问题折射出来的表象。比如说，孩子晚上做完作业没事干了，那你说让孩子干什么，父母都在各自刷手机，让孩子干坐着瞪眼吗？这显然是不行的。有的父母说，那不是还可以继续复习或者预习新的知识吗？孩子不是机器，他跟你一样，也需要休闲放松的。而且，你们也没给孩子找点健康的、有趣的事情做，不是吗？

家庭系统有一个健康指数，其中很重要的一个部分就是知识性和娱乐性。在家庭这个环境中，成员是否有共同参与的爱好，共同参与的兴趣或者话题。如果没有，那么这个家庭的氛围很可能是无趣的、无聊的，孩子自然就会去找他认为有趣的事情，很可能就找到了网络这个东西。再比如，从小到大，对孩子来说，除了学习，在父母那里找不到任何价值感，或者其他的认可，有的只是指责和批评，如果学习再搞不好，那么孩子会觉得自己没有价值，觉得自己在现实生活中一无是处，而且没有意义。然而，网络世界可不一样，它给孩子的那种认同感和价值感是非常及时的，孩子很容易就沉溺其中。

想要从根本上解决孩子的问题，就需要从家庭教育出发，改变自己的教育理念和技巧，在现实生活中给予孩子爱，鼓励他们，认可他们，让他们感受到归属感和价值感。只有这样，孩子才会觉得自己是有意义的，在生活上是快乐的，是有成就感的，那么慢慢地，孩子就不需要在网络中去寻找那种虚拟的感觉。那么，具体要怎么做呢？

1. 接纳孩子，充分理解孩子出现问题的原因

对于孩子出现的网络依赖问题给予充分的接纳，问自己下面几个问题：

（1）孩子已经依赖网络了，情况已经发生了，不管我接

纳还是不接纳，之前的事情能改变吗？

（2）即便孩子是现在这个情况，那么，我还爱他吗？

（3）孩子目前的情况是最糟糕的吗？难道真的无法挽回了吗？请认真想想：如果不是及时地发现问题，孩子的情况很可能会有怎样的恶化？

（4）孩子目前出现的问题，我最害怕的是什么？既然问题已经有了，接下来，我希望得到什么样的结果？

（5）孩子之所以出现今天的情况，难道是孩子天生就这样吗？

（6）孩子难道是发自内心的，自己愿意沉沦于网络世界吗？在孩子成长过程中，作为父母，我们做错了些什么？我们要为孩子今天的问题承担什么责任？

（7）我们之前对孩子的教育方式、跟孩子的交流方式真的有用吗？如果我们不改变，孩子可能主动变好吗？

回答完这些问题，你就会明白，其实我们的选择有很多，我们可以做的事情远远不止你之前的那些。同时，你也会意识到，孩子有网络依赖问题，很可能是因为在现实世界里，在家庭中找不到意义，觉得无聊。孩子缺乏价值感，觉得自己一无是处，不仅学习搞不好，而且在其他事情上也没有成就感。那么，我们就可以针对性地去做工作。

2. 掌控自己的情绪，避免大喊大叫和权力争夺

知道孩子有这种问题时，不要立刻对孩子采取任何行动。这个时候，父母往往会带着很大的情绪去质问孩子，甚至武力相对。这会把孩子推向离我们更远的地方，所以父母一定要先控制

好自己的情绪。父母们认真思考第一步中的几个问题后，情绪问题就解决了百分之六七十了。这时，如果你还觉得自己有很强的情绪，那就再按照“心灵工具”的做法，一步步去调整，直到你能够做到心平气和地跟孩子聊上网打游戏的话题为止。

3. 帮助孩子应对消极情绪，倾听和理解孩子，构建良好亲子关系

从人性的角度，从人的底层需求角度来看，任何人，包括成人和孩子，内心都希望自己是积极阳光的。任何人都希望自己被尊重、被认同，都希望自己生活在一个有爱的、温暖的环境里。

对有网络依赖的孩子来说，他们在网络世界里表现出来的，也是这种状态。比如说打游戏，每一个孩子都希望自己的战绩越来越好，而且很善于团队协作，很懂得帮助队友；比如说社交聊天，每一个孩子都是其好朋友的知心人，都愿意付出关心和支持，同时又都希望得到他人的理解和认可。可是，一回到现实世界里，一切就都不一样了。对孩子而言，爸爸、妈妈、老师都是一副“苦大仇深”的样子，哪有温暖可言，更不要说尊重和认可了。

所以，只要能让孩子在现实中，也找到网络世界中的感受，孩子对网络的依赖自然就不会那么强烈了。

那具体要怎么做呢？其实很简单，就是在平时的生活当中，接纳孩子的各种情绪和感受。通过倾听和理解（工具），引导孩子表达自己的感受和情绪，让他们说出自己的想法，让孩子觉得父母很尊重他们。

比如，你可以这样说：“爸爸妈妈知道你是一个有上进心的孩子，这从你在游戏中的英雄形象就可以看出来，爸爸妈妈为你

感到高兴。可是平时，我们忽略了你那么多的优点，让你受委屈了。”跟孩子交流，前期要尽可能让孩子说，不要急于评价或者说教，要让孩子充分地表达自己的想法，而我们给予认可和接纳就可以了。你可以用“跟随”策略，去引导孩子。

比如，“爸爸觉得偶尔打下游戏其实很正常，人都要放松的嘛!”“妈妈觉得你讲得很对，妈妈非常能理解你现在的感受。”当我们一次又一次倾听，一次又一次地给予孩子理解后，对孩子而言，父母给他的感觉就会变成“哇！你们好懂我!”你们的亲子关系会变得越来越好。到了这个阶段，父母可以表达自己的感受，也可以提出自己的需求了。表达感受的时候，我们仍然要先对事实进行不带评判的描述，比如：

“妈妈注意到你从早上一直玩到现在”，这个就是不带评判的描述。

“妈妈担心你的眼睛会受不了”，这个就是表达自己的感受。

“妈妈想要自己的儿子有一双健康的眼睛”，这个就是提出自己的需求。

最后，妈妈可以提出一个孩子可以做得到的请求，比如：“儿子，你看我们今天就玩到这可以吗?”“儿子，你看咱们是不是复习一下功课”。通过提出这种请求，或者提出几个方案，再或者让孩子提供几个选项，就相当于给孩子选择权。通常情况下，孩子会配合的。当然，实现这一点的前提是，你们之前的情感基础要足够好。

如果你过去经常倾听和理解孩子，那当你说“妈妈担心你功课会落下”，或者“妈妈担心你眼睛会坏掉，你看我们今天就玩到这，你看可以吗?”的时候，你觉得孩子内心还会有“我无所谓你的担心”“不用你管”的想法吗？不会！

4. 欣赏孩子、鼓励孩子，激发孩子积极转变

孩子依赖网络，很多时候是因为在现实生活中找不到价值感，通过你的欣赏和鼓励，可以逐步增强孩子这种价值感。现实的成就感摆在那里，我可以轻松地获得，那又何苦要去虚拟世界中寻找呢？同时，我们要不断给孩子贴正面标签，告诉孩子，你就是一个什么样的人。有一个育儿专家，她这么处理孩子沉迷网络的问题：

有一天，她跟儿子一起摘菜，趁着气氛相对比较好的时候，这个妈妈说：“儿子，我觉得你不是一个沉迷于网络的人！”你看，这就是给孩子贴正面标签，可是，儿子突然跳了起来，说：“妈！你想说什么，你不就是觉得我打游戏时间太长了吗？有话你就直接说，不要给我下套。”

这个妈妈也站了起来说：“儿子，你怎么跟你妈妈说话的呀！我是你妈妈，我说你不是一个沉迷网络的人，你还不服气？人家那些沉迷网络的人，可以每天不睡觉，拼命玩，你能做到吗？他们可以天天待在网吧，吃饭都顾不上，你是这样的吗？你不是！所以，我就是觉得你不是一个沉迷网络的人。”

听完妈妈的话，儿子又继续摘菜了，虽然没说话，但是从神态上看，孩子内心其实是美滋滋的。

所以，要经常欣赏孩子、鼓励孩子，要给他们贴上正面标签。和负面标签一样，正面标签也有引导作用，也会让孩子尽可能让自己往你说的那个方向去靠拢。

5. 深度沟通，聚焦解决问题

孩子依赖网络不是一天两天造成的，你想让孩子一下子戒掉，彻底不碰，是不可能的，是需要一些时间引导的。同时，在生活中，网络无处不在，除了用于工作和学习，也是必要的休闲娱乐工具，人们需要用网络进行社交沟通，需要用网络跟他人进行情感交流。所以，完全不接触网络显然不实际。

对孩子来说，特别是高年级的孩子，每天很早起床去上学，然后一天待在学校，晚上写完作业或者上完自习回到家差不多九点多了，孩子想玩一下手机放松一下，其实并不过分。人的生活，不仅是工作学习，也有对休闲娱乐的需求，也有对社交互动的需求。你不可能让一个人啥需求都没有，一心只管学习工作。我们更应该关注的，是如何让网络，保持在一个适度的时间和空间。这里，给大家提供一些思路，供大家参考，因为每一个孩子的情况不一样，不能一概而论，只要大方向是对的，进行适度调整就好。

第一种，你可以用教练引导式谈话，引导孩子，跟孩子一起，针对网络这个问题制订自己的计划，让孩子思考每一种选择可能的结果，让他们为自己的行为负责。当然，你也可以用这个谈话工具跟孩子约定规则，比如约好每天玩游戏的时间。在规则执行的过程中，你可以应用“管教”的套路，比如用感觉迁移法，让孩子把游戏的好感觉迁移到学习上来，同时又把学习的坏感觉迁移到游戏上去。

有一个妈妈，她就跟孩子立规矩，每天可以给孩子一个小时的时间打游戏，但是，打游戏必须得在家里，每次游戏结束，必须写 600 字以上的游戏体验感受。立完规矩之后，孩子接着玩了一个多月，就不玩了。因为在心理层面，写游戏感受这种坏感觉被迁移到游戏上了，孩子渐渐觉得打游戏好像没啥意思。

你也可以跟孩子补充相关的规则，比如跟孩子约定每天玩手机的时间是一小时，那么如果孩子按时交还了，可以额外奖励孩子 10 至 15 分钟。但是，这个奖励需要有至少一个小时的间隔。如果孩子没有按时交还，那么将会失去第二天玩手机的时间。通过这种方式，既控制了孩子的上网时间，还可以帮助孩子养成自律的习惯。

第二种，父母可以用替代法减少孩子上网的时间。网络无处不在，杜绝显然很难，可以给孩子一定的弹性空间。你可以给孩子找点放松的事情做，你可以帮孩子找到一些替代网络的事情，比如跑步、游泳、打篮球等。这些活动带给孩子大脑的快乐激素要比游戏多得多，孩子更容易投入。同时，这些活动是健康且有助于大脑发育的，可以帮助孩子提升学习效率。

有一个爸爸，他的孩子在依赖网络之前很喜欢打篮球，于是爸爸就跟儿子制订三个月的计划，第一个月允许儿子每天玩一个半小时的游戏，并且爸爸陪着孩子一起玩。但是，游戏过后，要一起去打一个小时的篮球。第二个月开始，每周可以玩三次游戏，每次一个半小时，而之前的游戏时间全部拿来打篮球。到第三个月的时候，原计划一个月让孩子玩三次游戏，结果，孩子竟然因为答应了平时跟他一起打球的伙伴，要天天训练，并且要去参加比赛，把上网打游戏的事情给忘记了。

还有一个爸爸，当他发现儿子迷恋一款手机游戏，就找了一些高手，专门对儿子在游戏里面的人物进行围追堵截，儿子在这款游戏里逐渐失去了成就感，又换了一款。结果爸爸又找人对他儿子的账号进行打压。通过一次又一次干预，最后，儿子觉得打游戏实在没意思，干脆不去玩了。

所以说，教育孩子真的不难，只要你用心，一定可以做到。过去因为你不懂，孩子出现各种各样的问题。现在，只要你不断学习，不断改变，孩子一定会发生变化。

如何快速、彻底解决孩子的厌学

要说全世界的父母，最关心的事情是什么？学习一般都排第一；要说全世界的父母，最烦恼的事情是什么？学习很可能也是排第一的。开家长会的时候，如果你的孩子学习成绩优异，那你很可能走路都带着风。可是，如果你的孩子学习成绩不好，那你很可能都不好意思抬起头。

人类文明越发达，人们需要学习的知识和技能也就越多，社会对孩子学习的要求也就越高。可是，学习这件事情，父母经常会觉得无能为力。因为，学习是需要孩子自己去学，他有没有学，有没有动脑筋，父母很难管得了。这不像网络，你至少可以通过断网、控制零花钱等方式控制。可是学习，你怎么控制？你把他送到学校，送到了补习班，或者待在家里，可是他脑子有没有动，有没有投入，你很难操控。再说，学习这件事本身就不容易，需要付出很大的努力，如果孩子不能把学习当成自己的事情，自然很难把学习搞好。这时，就陷入了两难的境地：你不管吧，孩子不上道；你管吧，孩子没有学习的责任感。今天我们就教你怎么操作，让你弄清楚最本质的东西。

那要怎么办呢？

如果你不知道一件事情怎么做，就可以参考别人成功的案例。看看别人是怎么实现的，虽然不能完完全全地照搬，但是了解一下别人的思路，同样也是非常有帮助的。

北方的一个小村庄，有一个男孩，其父亲是非常有名的数学教师，母亲是家庭主妇，有一个姐姐，已经辍学，在外打工。男孩八岁这一年，因为父亲工作调动，全家搬到了城市。当时的中学教师收入很低，为了维持家里的生计，父母决定把老家的房子卖掉，又借了很多钱开了一个小卖部，就这样全家人的心思更多地放在了小卖部。父亲也是出于好意，担心儿子在城市里没有玩伴，于是向别人借了一台游戏机。当时，男孩正在上一年级，学习成绩不好也不坏，因为游戏机的关系，他跟班上一些爱玩的孩子混到了一起，从此一发不可收拾。他在二年级有了第一次逃学经历，三年级就懂得给女生写小纸条，然后游戏转入大型台式游戏机，四五年级开始打架，每天下午放学约架，先是跟同班的同学，慢慢转移到跟其他班级的同学。同时，五年级又爱上了打台球，甚至还通过打台球来赌钱。就这样，五年的时光就在玩耍中度过了。那时候，小学上初中是需要考试的，结果全校只有这个男孩没考上，语文数学两门加起来还不到一百分。

父亲对儿子来了一顿狠揍。大家可能觉得奇怪，五年的时间，难道父母都不管这个男孩吗？其实，当时没有现在这么发达，连电话都没有，也基本不开家长会。所以，在这五年里，父母一直觉得男孩可能就是个中等水平，差不到哪里去，再加上心思都在小卖部上，比较少关注男孩。

另外，这个男孩在小学，就学会了替父母签字、改考试分数等“技能”，有时候在学校犯错是需要叫家长的。但是，男孩懂得上演“苦肉计”，经常自己打自己，打到脸上有巴掌印子。之后，他到学校跟老师哭着说：“我爸揍了我一顿，说以后不管我了。”因为男孩知道，要让父亲知道这件事，后果比这个还惨。就这样，直到小学考初中，家里才知道这个男孩其实已经很糟糕了。但是，这么早就辍学也不行，还是想方设法让男孩上了初中。

到了初中，男孩才真正进入青春期，更容易受到同学等同龄人的影响。到了初中才发现，原来小学跟他玩在一起的伙伴，全都在一个班。结果就可想而知了，男孩仍然对学习不感兴趣。初一下学期，电脑开始慢慢普及，男孩又学会了玩电脑游戏，这种游戏要比小学那种有趣多了，更真实，更有吸引力。同时，他也学会了 QQ 聊天、约网友、浏览各种网页。大家知道，人一旦被某个东西吸引后，就很难对其他东西感兴趣了，特别是学习。

对男孩而言，除了上网打游戏，他的社交关系已经从校内转到校外，认识了大量的社会青年。在学校里，身边聚集了一群小伙伴，整天在学校“为非作歹”，当然也更容易招惹是非。有一次，他跟初三的学生发生冲突，双方约定放学后进行群殴。这个男孩通过社会上的朋友，叫来了一百多人，把对方围了起来。从那以后，男孩成了学校的“大哥”，每个人对他都毕恭毕敬的，胆小的同学远远看到他都要绕着走。男孩非常享受这种状态，也按照“大哥”的标准包装自己——抽烟、留长头发、说脏话、找女朋友等，尽量让自己的言行举止当中透露出“古惑仔”的气质。

初三下学期，班主任把男孩叫出去，告诉他可以不用来上课了。男孩回家跟父母说，自己不想念了，想去找工作。这时，男孩的转折点来了。当时家里的经济条件有所好转，父母的注意力开始放在男孩的身上，特别是父亲，他觉得女儿没有念成书，所以还是希望儿子有所突破。因此，开始研究怎么教育孩子。父亲从不打骂学生，可是偶尔会训斥打骂儿子，他意识到自己的教育方式可能不对，投入的精力也不够。（从事后看，父母的这种转变非常及时，因为这个男孩身边的玩伴，很多后面发展得比较糟糕，有的犯事坐牢了，有的不在人世了，有的还在社会上混……）这个父亲想了很多办法，先是跟儿子建立情感联结，经常跟儿子探讨人生话题。然后，在生活中经常鼓励儿子。同时，充分尊重孩子的选择。中考后，父亲跟孩子商量：“你年龄还太小，现在不上学也只能从事苦力工作，你这么瘦弱，估计也干不了。现在咱们有两个选择，一个是去上体校，学习摔跤，另外一个是去复读，走升学道路。”因为他们所在的城市是全国有名的“跤乡”，出了很多冠军，父亲觉得摔跤也许是条路。

当时，男孩的厌学情绪非常重，选择了去体校。当时的体校没那么容易上，是需要考核的。父亲带儿子去参加各项考核，可是因为男孩发育比较晚，在几百人当中，男孩是最瘦弱的，根本不是人家的对手。就这样，体校也上不成了，只能去复读了。

父亲为了鼓励男孩去复读，趁着暑假的时间，一边辅导功课，一边召集他的学生聚会。目的就是让男孩看看念成书的人是什么样的，念不成书的人又是什么样子的。同时，父亲为了让儿子安心复读，特意让儿子到离家较远的初中补习，让儿子很难和之前的伙伴交往。

功夫不负有心人，虽然这个男孩初中三年没怎么学，可是通过家人的鼓励，通过自己的努力，男孩考上了高中。上了高中，男孩慢慢就开始懂事了，对学习有了一定的兴趣。但毕竟小学初中的功底薄弱，学习成绩始终处于下游水平。

幸运的是，父亲仍在不停地鼓励儿子，告诉儿子，不用管目前的成绩，只要关心自己有没有进步就好。现在你还年轻，有这种吃苦的资本，要知道，等你老了，想要努力都力不从心了，那要比吃苦还苦。

父亲从学习习惯、学习方法、思考方式等着手，帮助孩子找到学习的感觉。对孩子来说呢？因为在学习上找到了感觉，所以成绩越来越好，最终考上了一所本科公安院校。那一年，全校900多人，考上本科的就5个，其中2个还是体育生。

男孩虽然通过努力考上了大学，可是在大一的时候，跟同学打架，造成对方轻伤，被学校开除。父母虽然难过，但是并没有一味责骂男孩。父亲告诉男孩，“人生难免起起落落，遇到各种挫折和困境其实很正常，你努力了成功了，说明你运气好，你努力了不成功，其实这才是生活的常态！失败和挫折并不可怕，可怕的是你不敢爬起来重新开始。要知道，你现在还年轻，你有这个资本，只有忍受别人不能忍受的，才能享受别人不能享受的，等你老了，至少不会后悔”。

就这样，在父母的鼓励下，男孩再次参加了高三复读，通过一年的努力，又考上了一所本科院校，专业是旅游管理。在大学里，男孩连续四年拿奖学金。从小没有当过班干部的男孩，在大学里当过班长、社团部长、学生会主席等；从小没有拿过奖状或者证书，结果在大学里该拿的都拿了，从英语四六级到英语导游，从优秀学生干部到优秀毕业生，大学毕业前就拿到了出境领队资格，并在毕业后的一年内，走遍全世界。现在这个男孩已经在大城市买房买车，并且娶妻生子，建立了温馨的小家庭。在事业上，是两家旅游公司的老板，两家景区的股东，真正实现了财务自由。

这个故事中的男孩非常典型，几乎具备了青春期孩子所有的问题——叛逆、早恋、厌学、网瘾、抽烟、打架等，沉迷各种游戏及台球、溜冰、KTV 等。跟朋友包场过酒吧，请社会青年看场子，向同学收过保护费。那么，如果按照当时的情况来预测，这个男孩不会有什么好的人生。可是，他的转变远远超过了人们的预期，甚至超过了他父母的预期。那么，这个男孩的父母究竟做对了哪些事情，才让这个男孩发生转变？或者说，如果我们想要转变孩子目前的厌学困境，需要在哪些方面进行思考呢？

1. 夫妻关系

很多父母说，孩子学习跟夫妻关系没有关系。但事实上，关系大了。学习是一件有挑战的事情，即使孩子平静地、耐心地、全身心地投入，都未必可以把学习搞好。而如果孩子的成长环境比较恶劣，父母整天吵架，甚至当着孩子的面吵架，那怎么让孩子专心学习？夫妻关系不好，会让孩子没有安全感。孩子每天患得患失、忧心忡忡，上课必然无法专心。他担心家庭会崩溃，父母会离婚，心思就很难放在学习上。

夫妻俩在客厅大吵，你觉得孩子有办法在书房安心写作业吗？有的人可能会说，有的家庭虽然夫妻关系不好，但是孩子学习也并没有落下。那是因为这些孩子天赋太好，他们可以轻轻松松地搞定学习。然而，这种天生聪颖的孩子很少。你千万不要自以为是，觉得孩子平时很机灵，就觉得孩子很聪明，这往往只是表象。一个智力超群的孩子，很多时候是不需要老师教的，他通过自学就可以把功课学好。所以，对大多数孩子来说，安稳、平静的家庭环境至关重要，这也是孩子学习的基本条件。只有孩子觉得内心安全了，才有可能去应对更多的挑战。

2. 亲子关系

有的父母对孩子要求太高、太严格，当孩子做不到时，不断地批评、指责，甚至打骂。有的父母经常给孩子贴标签，指责孩子，评价孩子，特别是在孩子的学习上，绝大多数父母会进行说教和控制。这些做法最大的问题就是会让孩子不再跟父母亲近。慢慢地，很多孩子表现出反叛，就是我们经常说的叛逆。有的孩子甚至表现出憎恨，当孩子出现这种情况的时候，你想让孩子认真学习，几乎是不可能的。

有一些孩子，从小被父母操控，因为年龄小，胆量不够，不敢反叛父母，但是，他们会把学习当成自己的报复手段，他们心里就想“其他事情我没办法，我搞不定你们，但是学习这件事是我说了算，想不想学，要不要学，完全取决于我自己”。因此，如果你发现孩子有厌学的情绪，那么请首先看看你跟孩子之间的亲子关系如何。

如果你们的关系不好，那就意味着孩子是不会听你的，他根本就不信任你，在学习上遇到各种问题和困难，他根本就不愿意跟你分享。如果是这样，那么你对孩子的影响力就几乎为零，甚至是负数。

当然，亲子关系不好，还有另外一个问题，就是当父母不断指责孩子，批评孩子，这很容易让孩子自卑。父母天天骂，天天唠叨，说孩子啥都干不了，这也不行，那也不行，孩子渐渐会感觉自己真的不行。父母给孩子贴上各种各样的标签，懒惰、不讲诚信、不负责任等，这些话会最大程度上破坏孩子的自尊心，孩子的自信心会不断受挫。在孩子自尊心受挫、信心不足的情况下，你想让孩子去应对学习这种有挑战难度的事情，他当然不情愿了。此时的孩子一定会厌学，甚至不想去学校。

家庭，特别是父母，跟孩子的关系，会在很大程度上影响孩子的求知欲和探索欲。家庭会给孩子带来内心的安定，人只有在觉得自己无后顾之忧的时候，才有动力去追求梦想，才敢于去尝试新的东西。

三国演义中，诸葛亮几次出祁山都没有战胜魏国，每次都受制于粮草的供给。这说明什么？粮草是稳定军心的，是带给士兵们安全感的重要东西。一艘航海的船，因为后面有安全的港湾，所以才敢于不断去探索世界；一支行军的队伍，因为身后有充足的粮草大营，所以才敢于去冲锋陷阵。同样，一个孩子因为有家庭带来的温暖和安全感，才会有勇气和信心去应对这个世界的各种难题。

所以，想要孩子把学习搞好，就先把你们的亲子关系搞好。只有这样，孩子才更有可能听你的，你才更有可能影响孩子。故事中的男孩就是因为父母对孩子的态度发生了转变，开始对孩子表达理解，并且对孩子经常性地鼓励，让他们的亲子关系越来越好，男孩也越来越愿意听父母的话，最终实现转变。

有两个问题对孩子的未来至关重要。第一个，父母是什么样的人？第二个，父母跟孩子的亲子关系怎么样？所以，想方设法，通过我们的"套路"，改善父母和孩子的亲子关系。

3. 师生关系

但是，除了家庭，父母需要知道的是，我们的孩子也有社会属性，他们不仅要跟家庭产生连接关系，还需要跟周边的各类人发生连接关系，最直接的就是跟老师之间的关系。孩子如果跟某学科老师关系不好，那么往往不太愿意去学这门课；如果跟自己的班主任关系不好，那么很可能不愿去上学。相反，孩子如果跟某一个学科老师关系好，那么一定会希望听这个老师的课。

想要处理事情，一定要先处理情绪。但是，我们发现很多父母在师生关系上处理不是很恰当。当孩子跟父母说，自己讨厌某个老师的时候，父母通常会跟孩子说教，告诉孩子要听老师话、要尊敬老师之类的。而且，都是站在老师那一边跟孩子作对，并没有从孩子的角度出发，站在孩子的立场考虑问题。结果，孩子更加讨厌老师，同时又觉得自己的父母不理解自己、不爱自己，厌学的情绪也越来越重。

4. 同伴关系

人类区别于动物，很重要的一点在于人具有社会属性，必须处在关系当中，脱离了关系，人将感觉不到意义。对孩子来说，特别是进入青春期的孩子，他们更在乎自己在同龄人当中的位置，他们会更在乎同学或者伙伴对自己的评价与看法。所以，如果你的孩子跟班上同学关系处理得不好，或者你的孩子没有什么要好的伙伴，孩子容易变得越来越孤僻，变得越来越焦虑。他们内心感觉不到班级的归属感，甚至患得患失，导致上课注意力不集中，变得十分敏感。特别是当其他同学窃窃私语的时候，孩子很可能会认为他们在说自己。以至于，孩子总是胡思乱想，根本没有心思学习。同学关系特别糟糕的时候，孩子一定不愿意去上学。被人排挤、别人嫌弃，是所有人都不能接受的。

如前面说过的心理学家的试验，让测试者跟电脑中的两个虚拟人玩游戏，只让电脑中的两个虚拟人相互传球，但是就是不给测试者传。这时，通过仪器查看测试者的大脑成像，结果显示，大脑负责痛觉的区域有了显著的变化，变化的幅度接近人被刀子割伤的疼痛程度。由此可以发现，孩子与同伴关系的好坏，可以直接影响孩子在学校中的情绪：同伴关系好，孩子不一定会爱学习，但是同伴关系不好，孩子肯定无法安心学习。

当然，还有相当一部分孩子，比如故事中的男孩，他的人缘很好，很擅长处理人际关系，只是他又陷入了另外一种困境，就是他们加入学校的后进生组织。这个组织里孩子的特点，是不学习、调皮捣蛋、欺负女生、破坏课堂纪律，一旦孩子加入了这个组织，想要再恢复学习是很难的。

毕竟，想要成为其中一员，就必然要花大量的时间跟他们相处，整天想的东西也都不是学习，对学习自然也就越来越抵触。

所以，故事中男孩的父亲把他安排到离家较远的学校复读，就是通过改变环境，让孩子避免受到不良环境和不良关系的影响。

5. 学而无效

有相当一部分孩子，他们其实是愿意学习的，也愿意在学习上投入时间，问题是这些孩子发现无论怎么努力都学不好，学习成绩怎么都提不上来。别人只需要一个小时就可以学会，他们要花更多的时间才能搞懂。时间长了，这些孩子对学习越来越没信心，慢慢陷入一种叫作“习得性无助”的状态。

什么是习得性无助？一个人反复努力后，发现还是不行，内心认定自己就干不了某个事情，最终彻底放弃。关于习得性无助，我们在生活中经常听到，比如“女孩到了高中就不行了”“我儿子天生不擅长数学”，这些都属于习得性无助。

关于习得性无助，心理学研究有一个经典的实验：

把一条狗关在笼子里，在固定的时间给予电击。另外一条狗，也关在笼子里电击，但不同的是，这条狗的笼子里装了个踏板，只要狗踩到踏板，笼子的门就会打开，这时候狗就可以逃走。如此连续操作一定时间后，再把这些狗放出来。这时候，心理学家找了一个没有门的笼子，分别对这两条狗，再加一条从没电击过的狗进行电击测试，结论是：当通电时，没经历过电击的狗立刻逃走。那有装踏板的那条狗会怎么样？继续找踏板？当然不会，它也会直接逃走。唯独长时间被电击的狗，默默地待在那边。这就叫作习得性无助，因为它已经形成这个意识：电击是不可避免的，是逃避不了的。

对人类来说，当你经过多次努力，仍旧无法实现想要的效果时，就很容易陷入习得性无助，最终放弃任务。所以，父母需要谨防孩子陷入习得性无助。学习这件事情，本身跟孩子的大脑息息相关，也跟孩子的学习方法息息相关。

有的孩子因为发育迟缓，特别是男孩子，很多抽象思维能力还没发育成熟，因此，某些学科对于他们而言自然是有难度的。也有的孩子，原有的学习基础薄弱，也不知道好的学习方法，因此学习效率非常低下，导致学习成绩始终提升不了。这时候家长应该体谅孩子、理解孩子、帮助孩子掌握一些好的学习方法。

可是，很多家长总觉得孩子不努力、不勤奋，不断地苛责孩子。这最终会让孩子在学习的路上越走越难，越走越没信心，最终产生厌学情绪，进而放弃学习。

故事中的男孩，他的爸爸本身是老师，所以在学习方法、思维方式这块显然是有优势的。当然你也可以通过各种渠道掌握这些方法，然后教给孩子。只要用心，方法是一定可以找到的。

6. 新初一、 新高一问题

很多孩子进入了新的学习环境，突然间感觉不适应了，对新的学科内容感到陌生。有的孩子，从小学到初中的时候学习成绩非常好，全校都是数一数二的，而且顺利地考上了重点高中。可是进入高中之后，发现这里高手如云，自己反而成垫底的。孩子也很懂事，仍然努力地往前追。经过几次考试，还是赶不上去，就感觉自己可能真的不行了。是真的不行了吗？并不是，孩子其实仍然很优秀，只是在这种环境下，孩子有了自己不行的错觉。孩子在跟其他同学相比时，越来越没自信，慢慢就开始放弃了。可是，我们的父母很多时候看不到这点，总以为孩子换了环境学坏了，开始不断指责批评，而不是帮助孩子调整心态，帮助孩子正确认识自己。最终，孩子在学习这件事情上越来越找不到感觉，找不到成就感，慢慢地也就放弃了。

7. 学习动机

绝大多数孩子不喜欢学习，甚至有厌学情绪，是因为孩子没有学习的动力，也没有学习的动机，不知道学习究竟是为了什么，始终找不到学习的意义。本质上，是因为孩子在学习这件事情上的自我效能感不足，孩子不认为自己可以通过努力把学习搞好，所以也就没有自信，不敢面对学习这种有挑战的事情。因为不敢真正面对，所以找不到学习的那种成就感，最后，越来越反感学习。

很多父母为了劝孩子努力，经常说“你好好学习，将来就可以赚很多钱，你不好好学习，你将来就完了”，其实，这些话根本激发不了孩子学习的动力。要知道，现在的孩子生活条件相对较好，基本属于想要什么就有什么，他很难理解赚钱跟学习有什么关系。你拿钱去激励他，或者去刺激他，孩子根本不为所动。再者，很多时候，父母的话会让孩子觉得，学习根本就不是他自己的事，他是在为父母学，是父母要求他学的，他自然没有主动学习的动力。如果孩子不能把学习这件事当成自己的责任，不能从学习中找到价值感，或者对学习这件事没信心，那他一定会越来越反感学习的。

8. 各种诱惑

手机、游戏是让孩子陷入学习困境的又一大因素，很多孩子受到网络的诱惑而陷进去，从此一发不可收拾。孩子一旦沉迷其中，脑子里每天想的都是虚拟世界的各种精彩，自然没心思学习。而且，玩游戏的孩子接触的人通常也是玩游戏的，因为他们之间有共同话题，能聊得来，这就相当于有了盟友，慢慢地就离学习越来越远了。对于这些诱惑，父母也只能让它们离孩子越远越好，因为孩子毕竟是孩子，他们的理性思维能力和自控力还没有发育成熟，很容易网络上瘾而不能自拔。

很多家长说："老师，可是我的孩子已经上瘾了，这要怎么办呀?"老实说，如果只是单纯处理网瘾的问题是很难起到作用的。孩子如果已经到了不能自拔的地步，那就说明孩子在很多方面都出了问题。就算你没收了手机，切断了网络，可孩子总有他的办法，他也许会去其他地方玩，也许会转向其他上瘾的东西，不管做什么都跟学习无关。

以上八个方面，就是和孩子学习相关的一些因素，你可以从上面这些因素，找出你的孩子可能面临哪些问题。现在，回过头来看看故事中男孩的父母。到底做对了哪些事情：

首先，增强学习动机。长期以来，这个孩子都不知道学习究竟有什么用，除了满足父母和老师的需要，根本没有意识到学习跟自己有什么关系。父亲通过接二连三的师生聚会，让孩子看到不同的人，有什么不一样的人生。孩子因而知道，想要有一个好的未来，就需要学习。这种体验不同于常规的说教，这就像你跟一个吸烟的人说，吸烟有害健康，和你直接给他看吸烟导致肺癌的肺部照片，两者的感受是完全不一样的。

人类就是这样，如果没有自己亲自感受、亲自体会，便很难触动自己的行动力。同时，他的父亲在日常的生活中，不断地肯定孩子，让孩子觉得自己是有价值的。而且，在学习上，不断地给予精神鼓励和物质奖励，让孩子在学习这件事情上的自我效能感不断提升，孩子慢慢地就会认为自己通过努力是可以把学习提上去的，学习的动机也相应增强。

其次，提高学习能力。很多孩子其实想学习，也热爱学习，可就是学不好。所以，还需要解决学习能力的问题。故事中，男孩的父亲通过亲自辅导，帮助男孩把落下的功课补起来。同时，又教会男孩很多学习方法和学习思路，孩子学习的能力逐步增强。

能力一旦增强，孩子在学习中必然会得到很多正向的反馈。这种正向的反馈，会增强孩子学习的动机，让孩子在学习上找到成就感。这种成就感会让孩子更加愿意学习。孩子更加愿意学习后，找到的成就感会更多。这就形成了一种“增长飞轮”，让孩子的学习越来越上道。

最后，改善学习环境。一般情况下，一旦孩子有了强烈的学习动机，有一定的学习能力，孩子的学习会越来越好。但是，还有一个因素对孩子的影响非常大，特别是青春期的孩子，那就是“环境”。环境，是指孩子所处的家庭环境和学校环境。对孩子而言，这些环境是不是健康的？是不是安全的？是不是融洽的？这些非常重要。故事中的父亲，为什么要把儿子安排到离家较远的学校补习，就是为了让孩子脱离原先学校的同伴关系，构建一个相对健康的环境。

那么，我们的父母就要尽可能地为孩子构建良好的家庭环境，建立良好的亲子关系。记住，亲子关系远远大于学习成绩。

同时，对孩子的外部环境，进行相应的优化。可以通过跟老师沟通，也可以做适当的同伴关系调整，抓住主要矛盾。

综上所述，想要解决孩子厌学的问题，就先解决三件事：动机、能力和环境。就像故事中的男孩，他的父亲不一定知道这个道理，但是他所采取的措施，恰好就解决了这三个问题。当然，每一个孩子情况是不一样的，故事中的做法可以参考。特别是动机方面，每个孩子最需要和最想要的，并不一样，我们今天先教会大家，最底层的思路。

什么叫“动机”?

心理学上定义，“动机是激发和维持有机体的行动，并将使行动导向某一目标的心理倾向或内部驱力”。通俗来讲，就是“我为什么要做这件事情，是什么促使我做这件事情”，对学习来说就是“我为什么要学习，你给我一个让我学习的理由”。很多家长会跟孩子说：“你好好学习就有一个好的未来，就能赚很多钱，你不好好学习，长大就得扫大街……”这类话，通常没什么用，而且你说得越多越让孩子反感。

既然这些没用，那什么有用？我们先来看几个心理学的动机模型。

第一个动机模型，是马斯洛需求层次理论。动机是我为什么要做这件事情，因为我有需求。为什么我要吃饭，因为我肚子饿，所以才有了吃饭的动机；为什么我要加入社团，因为我可以和志趣相投的人一起进步，所以我想加入社团认识新朋友；为什么我要学习，因为我要掌握本领，独立自主，所以我要努力学习。动机来源于需求，有需求自然就会产生动机；有了动机，就会促使一个人去行动。

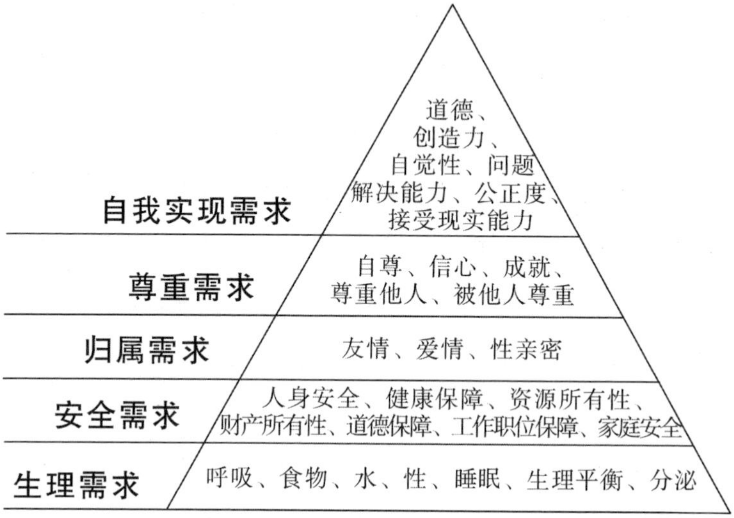

马斯洛认为，人类天生就有各种层次的需求，从低层次到高层次分别是“生理需求、安全需求、归属需求、尊重需求和自我实现需求”。归属需求，也叫社交需求，人类天生就有跟他人交流的需要，被他人接纳的需求。尊重需求，也可以叫价值感需求，既包括对成就或自我价值的个人感觉，也包括他人对自己的认可与尊重。最高层次的是自我实现需求，它是一种真善美至高人生境界的需求，比如那些常年无偿献爱心的人，做好事不求回报的人，其实都在追求这种自我实现的感觉。

实际上，在尊重和自我实现中间还有一些需求，比如认知需求，就是我们说的学习的需求，还有审美的需求等。其中，安全、归属、尊重或者价值，就是我们前面提到的安全感、归属感和价值感，如果这些需求没有得到满足，那么他一定会想办法去寻找。比如，孩子在现实生活中找不到归属感和价值感，那么就一定会从其他地方找到。这个理论，并非在强调一个人会有哪些需求，而是要表述下面两点：

第一点，人的需求是从低层次到高层次逐步发展的，只有当低层次的需求被满足之后，更高层次的需求才会对人产生影响，人们才会有更高层次的需求。比如说，我都已经饿得活不下去了，你就别跟我谈什么尊重、理想，我现在要先考虑吃饱的问题，因为这是我的生理需求呀！

第二点，一个人同时缺乏食物、安全、爱和尊重，通常对食物的需求更加强烈，其他的需求暂时显得不那么重要。此时，人的意识几乎全被饥饿感所占据，所有的力量都会用来获取食物。对我们现代人来说，可能我们同时有各种需求，但是每种需求的强烈程度不同，通常，人们对低层次的需求程度更强。

马斯洛的理论对于孩子的学习有什么指导意义呢？其实，父母需要先解决孩子的生理问题、内心安全感问题、归属感问题、价值感问题，只有这些问题解决好了，孩子才会自然而然产生出学习的需求，这是人的天性，谁都阻挡不了。这也是为什么我们反复强调，亲子关系远远大于学习成绩，只有让孩子低层次的需求满足了，孩子才会考虑更高层次的事情，才会产生学习的动机。

所以，我们要做的就是充分倾听和理解孩子，鼓励他们、欣赏他们，让他们的低层次需求逐步满足，之后，再慢慢地引导至更高层次的自我实现需求——学习。这个时候，孩子的动机和想法，才会集中在学习上。

第二个动机模型，是自我效能感。人们对自己是否能够成功应对某一件事情的主观判断，这种感觉在心理学的定义就是“自我效能感”。

简单来说，影响我们最终决定做不做某一件事情的动机，取决于主观上的信念和想法，即对这件事情结果的预期，以及对自己有没有能力完成某种任务的确信。一个学生如果不仅知道认真听课可以带来理想的成绩，而且还感知到自己有能力听懂老师所讲的内容，那他就一定会认真听课。这就是自我效能感的作用。

孩子为什么厌学？其实就是孩子主观上觉得自己没有能力搞好学习，而且不认为自己能够从学习中找到成就感。既然没有感觉，那我为什么要学呢？相反，如果一个孩子有这种自我效能感，他主观上认为自己可以搞好学习，而且能从学习中找到成就感，他自然会越来越喜欢学习，越来越愿意把时间投入学习。

我们对一件事情有感觉，就越想做，而越想做，成就感就越多。那么，怎样才能提升孩子在学习这件事情上的自我效能感呢？主要有这三个途径：

第一个，过去的成功经验。这也是影响最大的一个途径，如果孩子之前都可以从学习中找到成就感，那这种感觉会不断地强化孩子学习的动机，让孩子越成功就越想学。如果孩子之前没有这种感觉，或者很少有学习的成就感，那就从现在开始，先想办法降低学习难度，先让孩子有这种成功的经验，再慢慢地如同滚雪球般，让这种成功的经验越滚越大，促使孩子在这种惯性的影响下，逐步产生强烈的学习动机。

第二个，替代经验，也叫“模仿”。什么意思呢？比如我们故事中的男孩，他的父亲通过师生聚会，让男孩看到别的普通学生通过学习实现了自我的人生价值。既然他们可以，那我应该也可以。再比如，两个同学玩得很好，当其中一个同学通过努力学习，成绩提升了，另外一个同学就会觉得既然他可以，那我也可以，这就是替代经验。

第三个，言语劝说。孩子身边的人，对孩子学习这件事情进行一些鼓励和欣赏，也会增加孩子的自我效能感，让孩子相信自己是有能力应对学习的。比如老师和家长的夸奖和鼓励，比如同伴的欣赏等。但使用这种方法的前提是你的夸奖和鼓励切合实际，缺乏事实基础的言语劝说对自我效能感的影响不大。同时，在直接经验或替代经验基础上进行劝说的效果会更好。

想要提升孩子的学习动机，就要提升孩子学习的自我效能感。想要提升自我效能感，就要想方设法地给孩子创造出直接的成功经验或者替代经验。同时，在这个过程中，要不断地鼓励孩子、激励孩子，那么，孩子学习的热情就会越来越高。

除了上述这些途径，有条件的父母可以带孩子去世界各地看看，让孩子体验到原来世界多么精彩。带他们去国内外的名校，让他们在这种环境的熏陶下找到学习的目标；让孩子接触不同阶层的人，让他们真正感受到“知识可以改变命运”这句话。俗话说得好，“读万卷书，不如行万里路；行万里路，不如阅人无数”，孩子经历多了，体验多了，自然分得清楚好坏，自然会找到学习的动机。

当然，父母在处理动机的过程中，同时也需要解决孩子的能力问题。因为能力不达标很容易影响孩子的动机水平。那要怎么提升学习能力呢？可以先把孩子欠缺的地方补起来，然后去找一些科学的学习方法，把这些学习方法教给孩子。此处，分享两个非常有效的学习方法。

第一个，思维导图。

自从接受学校教育以来，在学习和工作过程中，为了理解一些重要的知识和解决问题，人们养成了按部就班做常规笔记的习惯。可是，极少人能意识到，传统线性笔记的致命缺点是面面俱到、重点不突出，不仅耗费大量的时间和精力，而且极少人愿意再去翻看。一些孩子看似很勤奋地记笔记，但其真正掌握的东西很少，孩子们很可能自认为学会了，但其实大脑当中并没有形成牢固的知识系统。

思维导图是一种符合大脑学习规律的学习方法，它可以帮助大脑构建一种全新的图像思维模式，用非常简单的文字，清晰直观的逻辑，以及有趣的发散结构，像地图一样去呈现大脑思考的整个过程。它可以使复杂的问题变得简单，简单到你只需要一张白纸，就可以清晰地把它展现出来，而且，很容易被大脑吸收。通过思维导图来学习，孩子的学习效率会大幅度提升。

第二个，费曼学习法。

费曼学习法被称为最高效的学习方法之一，它一共分为四个步骤：

第一步，选择一个你想学习的知识点、概念。

第二步，设想一下，你要像老师一样把这个知识传授给他人，并且要让对方听懂、学会。

第三步，如果有些地方你觉得讲得不清楚，或者对方不明白，那你就回去重新复习，直到能够彻底讲明白为止。

第四步，用最简单的语言，把你学到的知识，类比生活中的例子，让对方完全明白。

关于费曼学习法，这里分享一个故事：

> 有一个山里的孩子，这几天就要去上小学了。爸爸因为没什么文化，但是又担心孩子上学不好好听，于是告诉儿子，每天上完学回来，把学到的东西讲给他听。就这样，日复一日，年复一年，儿子的学习一路高歌猛进，最终考上了名校。

这种学习的方法，其实就是费曼学习法，核心就是用自己的语言讲述你学到的知识，并且让别人听明白。很多时候，学霸不一定是智商高，而是用了高效的学习方法。而我们呢，总是低水平地重复，不停地看书，看了好几遍，自以为会了，其实并没有。学习知识的关键在于输出和掌握。

如下图所示，通过听讲、阅读进行学习，过一段时间后，大脑能记住的就只有5%至10%，而通过传授他人，或者说给别人听，大脑能记住的有90%。所以，想办法让孩子学会这两种方法，并且经常去用，尽可能养成习惯，孩子的学习能力、学习效率自然就会大大提升。

关于孩子的学习方法、学习能力的提升策略还有很多，只要你用心，就一定可以找出适合你家孩子的。要知道，学习对于孩子的一生非常重要，你能做的就是趁现在认认真真研究一下，按照前面说的，想办法去提升孩子的学习动机和能力，并且构建一个相对健康的成长环境。与此同时，相信自己，也相信孩子，不

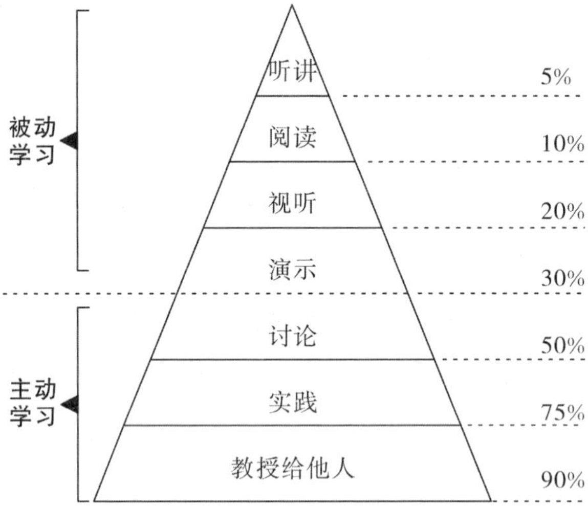

要过度追求完美，而是关心孩子有没有一天天进步就好。

如何快速、彻底解决孩子的早恋

小林是一个高三的学生，还有半学期就要参加高考。但是，最近父母发现小林的生活费开支越来越大，比之前翻倍了还不够。经过了解，父母发现小林在学校交了一个女朋友，经常买非常贵的礼物送给她。小林的父母不算很传统，但马上就要面临高考，所以坚决反对这件事情。在跟小林沟通无效之后，父母干了一件傻事——私下去找这个女生，希望她可以主动提出分手。

小林的女朋友也很强硬，不但不同意，反而明确表示非小林不嫁，希望小林父母可以成全他们。小林的父母想着跟女生是没有办法沟通了，经过一番打听，他们找到了女生的父母。女生的父母也非常反对，并且表示愿意积极配合，而且限制了女生的活动。本来想着事情可以就这么解决了，没想到小林听到这件事情的时候马上就跳了起来，跟父母好一顿大吵。最后，小林一怒之下竟然离家出走，而且没有参加当年的高考。

这就是一个非常典型的早恋案例。你管吧，容易破坏亲子关系，而且也不见得可以解决；可你不管，又害怕影响孩子的学习，甚至会出现其他更严重的问题。

那具体要如何引导呢？我总结了三个步骤。

第一步，接纳。

说到接纳，很多家长还是觉得很被动。别急，接纳只是第一步。因为只有我们从心底接纳了这件事情，才有可能在之后做出正确的引导。如果你不接纳早恋这件事，不仅难以解决它，而且很可能会引发更麻烦的问题。举个例子：有这么一个男孩，他的问题是每天摇头一百次，最后被送到精神病院。为什么会这样？其实，就是在初一的时候，父母告诉他，“看美女是一件很邪恶、很无耻的事情”，结果孩子就在超我和本我之间来回摇摆，看，不看，看，不看……所以才每天摇头上百次。

还有一些孩子，在初中时被告诫不能谈恋爱，上大学了又觉得谈恋爱不靠谱，等到毕业工作后，突然发现自己不会谈恋爱了。这其实都是在早期同异性相处时受到了打压，不被接纳造成的。因此，做好接纳的第一步，就是先认同孩子的行为是正常的，是没有什么问题的。你可以把这句话直接告诉孩子，只有这样我们才能赢得孩子的信任，孩子才愿意继续跟我们聊下去。

第二步，引导。

记住，引导的初衷不是告诉孩子你别谈了，现在的主要任务是学习之类的。这些话孩子都听腻了，你以为他不知道中学生不能谈恋爱这个规矩吗？他都知道，他也很纠结。真正的引导，是用我们之前说的“跟随策略”，先接纳孩子的行为，再引导孩子说出自己的看法，最后，再说出我们的看法。

比如说，“儿子，妈妈觉得初中谈恋爱其实很正常，这没什么大不了的，别说你，爸爸妈妈小时候也有这种想法，这说明你长大了。不过，爸爸妈妈是过来人，希望给你一些建议，你看可以吗？”

当我们这么说的时候，孩子一般都会愿意听。

接着，我们就问孩子：“你觉得学校和家长为什么不愿意让你们谈恋爱？你觉得是因为什么？”孩子通常会告诉你：“肯定是怕影响学习，怕出现什么严重后果……”我们再问孩子：“你觉得父母这些担心是不是合理的？”孩子通常会说“是”。我们接着问：“你觉得要如何解决这个问题？”孩子可能会说很多。孩子说完后，我们别忘了给孩子点个赞。注意，只要孩子能说出来，就说明他认真思考了。

只要有认真思考，就意味着他更容易避免很多可能出现的问题。比如，情侣交往过程中一定会遇到吵架、分手等问题，或遇到进一步发展等问题，而这些事情一定会伴随着情绪的变化。当孩子事先有这样的思考，就相当于他有所准备，他就可以很好地去应对不同的状况。而此时，我们就可以提供一些参考建议，我们可以跟孩子分享自己小时候的故事，说说自己是如何跟异性相处的，自己喜欢什么样的异性，所有这些话题，一旦我们开诚布公地聊，恋爱这个事情就没有那么神秘了。一旦恋爱不再那么神秘时，孩子也就不会产生好奇心，他本能的那个需求其实已经被满足了。此时孩子很可能会觉得，读书才是个正经事，恋爱不急，以后有机会。

第三步，疏通。

孩子毕竟是孩子，有时候他们谈恋爱，也仅仅是为了好玩。甚至，有的时候是为了攀比。所以，我们还需要做好疏通的工作。比如说，当孩子情绪不佳时，当孩子疑惑不解时，我们就可以去疏导，帮助他正确看待与异性的相处问题，教会他如何去处理相关的冲突。

在孩子早恋这个问题上，我倾向于保持相对积极的态度，你可以反对很多事，但你不能反对本能。不管是男孩还是女孩，学生时代与同异性的相处并不是坏事，这对他们未来的恋爱观、婚姻观都有一定的影响。而什么是学习？学习，不单单是从书本上、课堂上获得知识，现实中的人际交往也是一种学习。如果你的孩子在你的引导下可以“阅人无数”，我相信他在未来的婚姻家庭方面也更具备幸福的能力。

核心就在于，我们只需要在保证学习和其他问题不受干扰的情况下，耐心引导就行。当然，各家有各家的家风，这里所说的价值观未必适合你，我只是提供一种更符合人性的思路，你可以做参考，适度修正就行。但是，有这三点需要大家注意：

第一，如果你的孩子在恋爱这件事情上执迷不悟，那么八成是因为孩子极度缺乏父母的爱。这就像一个人长期吃不饱，于是总是去外面偷东西吃一样。在父母这里得不到的爱，孩子一定会想方设法从其他地方得到。

第二，如果你的孩子对异性产生厌恶，并明确表示未来不结婚，那可能是因为你们的夫妻关系过于恶劣，孩子从你们身上看不到婚姻的美好。而且，就算有一天他会结婚，他也很可能会复制你们的婚姻关系。

第三，你不让，孩子也会偷偷地干；你不教，孩子也会从其他地方偷偷学。所以，遇到事情我们开诚布公地说就行。

第五章

CHAPTER FIVE

辅助工具篇（认识篇）

在阅读本章的内容前，我想先介绍两个贯穿全书的科学模型（理论），分别是来自心理学的“象与骑象人”与来自脑科学的“神经链路”。这两点之所以重要，是因为我们所提供的很多方法和工具来自这两个知识点的精髓，了解它们，你的行动将会更加持久、更加有效。与此同时，你可以从根本上理解人类行为的奥秘，可以做自己情绪的主人，实现认知的升级，最终改变自己和孩子。

心理学：象与骑象人

《变形记》里讲过一个故事：

女主人公在对自己情人的爱和对父亲的责任之间，左右为难，痛苦万分。她身处其中，痛苦地说："我感到有一股神奇的力量在牵引着我向前走，情欲和理性把我拉向不同的方向。我很清楚哪一条是正确的路，心里很认同，但我却踏上了错误的路。"

主人公的处境，其实我们每个人都遇到过。比如，你也知道吸烟有害身体健康，可总是戒不掉；你也知道要多运动少吃肉，可总是迈不开腿，管不住嘴；你也知道打骂孩子是不对的，可总是控制不住自己的情绪；孩子也知道不努力学习是不对的，可总是在游戏中停不下来。你之所以感到疑惑和沮丧，是因为你不知道人的心理究竟是怎么运行的。

心理学有一个重要的模型叫"象与骑象人"，是由积极心理学的先锋派领袖乔纳森·海特提出的。他指出，在心理的组成部分中，有一部分是我们内心的自动化系统，包括内心感觉、本能反应、情绪和直觉等，这部分可以比喻成一头大象；而内心的另一部分就像骑在大象背上的骑象人，他能进行各种理性的思考、提出理性的要求。但是，在大象面前，骑象人的力量是微不足道的，一旦和大象发生冲突，他想往左，而大象想往右，那他通常是拗不过大象的。事实上，我们人类绝大多数时候是受到大象的操控，也就是更多地受到情感的影响。

“象与骑象人”模型与诺贝尔奖获奖者丹尼尔·卡尼曼在《思考，快与慢》中提到的“系统 1”和“系统 2”的理论不谋而合。卡尼曼认为“系统 1”是直觉系统，运行起来速度快，不怎么消耗脑力，不用意识控制，可以称为快思考；“系统 2”是非直觉系统，是理性的，有意识地进行，会耗费很多脑力，需要保持足够的专注才可以主动控制，可以称为慢思考。

听起来似乎有点抽象，举个例子：当你看一张女士的照片，你压根不需要思考就可以判断这是个女的，这就是系统一的直觉机制；但是如果你面对一道 17 乘以 24 的计算题，你需要集中注意力，刻意地计算才可以算出正确的结果，这就是系统二理性的机制。

跟“象与骑象人”一样，系统一和系统二并不是真实存在的实体，也不是大脑中某个固定的部位，他们是两种不同的运行模式。如果你认真地回想，就会发现，在生活中，我们绝大多数行为是在系统一的作用下进行，这就解释了，就算你知道吼叫是不对的，却无法停止对孩子大喊大叫的原因。想要改变，就必须了解大象的脾气和秉性，否则，改变将非常困难。

脑科学——神经链

改变的本质，就在于用新行为替代旧行为。但是，人类的行为是受大脑控制的，替代的过程本质上是用新的神经链替代旧的神经链。新的神经链接可以叫作新路，旧的神经链接叫作老路。老路因为用得最多，因此很宽敞，而新路是在新行为、新思想发生的时候大脑自动建立的，只要经常使用，新路会变得越来越宽敞，直到完全替换老路。但是，如果新路用一次后再也没有使用，那么这条路很快就断掉了。这样表述，虽然不够严谨，但基本可以说明这个道理。

研究人员曾经拿刚出生的猫做实验，把小猫的一只眼睛遮起来，经过一段时间后重新打开。这时候研究人员发现，小猫遮起来的那只眼睛彻底失明了。而且，跟这只眼睛相关的神经链也消失了。这意味着，大脑中的神经链在经常使用的情况下会越来越发达，而如果长期不用，这些神经链会自动萎缩甚至消失。

在教育孩子的过程中，父母会经常使用一些育儿技巧，但是往往受到“老路”的牵引，因此没坚持多长时间就回到原来的教育方式了。对孩子来说也一样，如果新的行为和新的思想没有经常使用，或者没有强化，很容易就会回到原先的“老路”。所以，如果想彻底转变自己对孩子的教育方式，需要学会坚持。同时，如果想要孩子发生根本转变，需要帮助孩子养成坚持的习惯。

心灵工具
（快速解决父母及孩子的情绪、压力等心理问题）

到目前为止，我们学了很多教育技巧和工具，知道怎么跟孩子沟通，怎么处理亲子冲突，怎么鼓励孩子，激发他们的积极方面。同时，我们还知道了怎么跟孩子约定规则，培养他们的责任感。可是，这里面最难的事情是什么，或者说最重要的事情是什么呢？我们认为，最难的是家长自己的情绪、心情还有状态是不是处于一个高能量的水平。

谁都知道要理解孩子，要关注他们的感受，要同情他们，可是，谁来关注我们的感受，谁来理解我们的情绪呢？作为所谓问题孩子的父母，我们会承受各方面的压力，除了孩子的问题，生活和工作中的烦心事，也总是让我们处在焦虑不安中。我们也经常会感觉到，明明也想跟孩子好好说话的，但总是控制不住自己，忍不住又大喊大叫了，这要怎么办？

如果我们连自己都照顾不好，又怎么去影响别人呢？要知道，在情绪不好的情况下，或者在状态不佳的情况下，就很难在面对家人的时候调用理性思维。因此，除了可以应用沟通方法中“说出自己的感受和需求，让自己的需求得到满足”外，还可以应用一些心理调整的工具，这不仅可以帮助你理性地对待孩子，而且可以从根本上提升你本人的专注力和情绪管理水平。

正念

史蒂夫和其他的小朋友在智力上没什么不一样，他学习成绩不怎么样，也不怎么爱学习，浑浑噩噩地一直到了大学。可能感觉生活太无趣，他开始吸食大麻，大学也仅上了七个月就退学了。之后，在跟朋友去印度旅游的过程中，他发现并修炼了一项技能，这项技能让史蒂夫的内心有了巨大的升华，甚至有了改变世界、改变人类，做一个灵魂的传教士的想法。

回到美国之后，史蒂夫与好朋友在车库创办了一家公司，公司的名字叫“苹果”。这个男孩，就是史蒂夫·乔布斯。在苹果的经营管理过程中，乔布斯依然把在印度学习的这项技能贯彻到全公司所有员工身上。

大家可能很好奇，到底是个什么技能，居然可以让乔布斯有这么大的改变，甚至能够改变世界。实际上，这项技能就是禅修，这是佛教的说法，在科学领域称之为“正念”。这项技能或者训练可以有效提升人类大脑的专注力以及情感控制，促使大脑不那么容易受到外界事物的影响，专心做当下的事情。

Apple（苹果）、Facebook、Google（谷歌）、Salesforce 等很多世界五百强企业都在推行和利用正念训练课程，帮助企业和员工获得更高的效率和更好的创意。正念训练除了受到美国西岸的硅谷科技企业的追捧外，在美国东岸的金融界也是潮流热宠。世界对冲基金巨头“桥水基金”的创办者达利欧公开宣称，正念是他致富的最关键的因素之一。国内越来越多的人选择了正念训练。

那么，正念究竟是什么？

说到正念冥想，你头脑中是不是第一反应跳出“得道高僧”，或瑜伽大师？他们盘腿而坐，天人合一，近乎通灵？的确，正念冥想起源于东方的佛教，但在现代却兴盛于西方。

正念冥想说起来非常简单，就是有意识地把注意力维持在当下。而且，是不对当下作任何评价的一种自我调节方法。它并不是单一的打坐和专注呼吸，而是随时随地的专注，吃饭、走路、洗澡时都可以进行。不评价、不排斥脑中冒出各种各样的想法和念头，接受它们。只要在过程中出现神游的状况，就将它转移到当下专注的事情上，这其实就是经常说的“活在当下”。

如果你用心观察就会发现，我们一天当中真正能够专注的时间非常有限。科学家做过统计，人一天当中除了睡觉，将近有一半的时间都在走神。走神，几乎是随时随地。即使是此时此刻，也许你的念头已经飘到其他地方去了。而正念训练，就是帮助我们把意识拉回到现在。毫不夸张地说，正念或“活在当下”是人类幸福的密码。

试想，如果你现在正捧着书看，但是脑子里想着孩子明天还要期中考试，不知道孩子复习得是否充分，又或者你的脑子里还想着前几天“双十一”买的货为什么还没到。那么请问：你能感受到此时此刻的幸福吗？

人们之所以不幸福，是因为自己的心要么跳入未来，规划或担忧一些还没有发生的事情，要么回到过去，为过去已经发生的事情感到后悔或难过。意识就是这样，在未来和过去之间来来回回，却没有关注到当下实实在在、正在发生的事情。正念的训练就是帮助我们回归当下，调节情绪、减轻压力、缓解焦虑，提升专注力。那么正念训练究竟是如何发挥作用的？

科学家曾对一些长期进行正念训练的人进行试验，在听到巨大的枪声时，这些人要比对照组更为沉稳。事实上，科学家通过对大脑进行扫描发现，受过训练的人的大脑前额皮质层更厚，而且会有更多的灰质。灰质代表人的认知能力和处理信息的高效性，与此同时，大脑的某些负责情绪的区域与对照组有着明显的差异。关于正念对大脑的影响，学术界仍然在不断地探讨中。但正念在“去宗教化”后，在主流领域中被广泛地接受和推崇。

正念练习，是有关如何使用和提高注意力的一种方法。你不需要借助外在的东西，而只需要依靠你自己，你的身体就是你的实验室。通过练习，你能够提升专注力，你能够感知到自己的情绪，并且可以找到与压力相处的方式。像别的任何技能一样，你可以把正念练习当成肌肉练习，通过练习，它会变得强壮，也会变得更加柔韧和富有弹性。

在实践中，很多家长在正念练习的帮助下，情绪得到了很好的控制，对孩子发火的欲望有了大幅度的减弱，更容易理解孩子。我们有很多家长反馈，经过一段时间的练习，感觉压力小了很多，之前的焦虑感也越来越少了，而且睡眠质量更好了，除此之外，专注力有了很大的提升，工作也越来越高效。

正念训练有助于提升专注力。建议家长在如果可以实现的情况下，尽可能让孩子养成正念训练的习惯。每天仅仅需要 5 分钟的正念训练，就可以大幅度提升孩子的记忆力和专注力。要知道，孩子处在学习阶段，专注力对学习的帮助是毋庸置疑的。而专注力是受大脑的控制，准确地说，是由大脑前额叶控制。

脑科学家和心理学家研究发现，前额叶位于我们额头的位置，是人类大脑的脑中脑，是人类理性思考的“总司令”。美国人菲尼亚斯·盖奇由于大脑前额叶受到损伤，从一个性情温和、具有钢铁般意志力的人，变成一个脾气暴躁、缺乏耐心、脏话连篇、热衷于制订计划却从来没有实施过的人。换句话说，盖奇的自控能力完全消失，丧失了理性思考的能力，变成了一头横冲直撞的野兽。

专注力跟大脑的前额叶有关，前额叶决定我们什么时间学习，什么时间工作，什么时间做其他事情。不幸的是，大脑中也有其他的区域对专注力有着很重要的作用。我们把这块区域叫作“本能区域”或者“及时行乐系统”。由此可见，现代人的专注力或者其他理性思考能力是由大脑前额叶区域的理性系统和本能区域的及时行乐系统共同决定的。换句话说，我们的专注力受到两个相反的力量作用。

令人失望的是，从进化学来看，人类前额叶区域（理性区域）出现的时间要远远短于本能区域，这就相当于负责及时行乐的力量是“老司机”，而负责理性思考的力量是“新司机”，那么，谁的能力更强是显而易见的。但是，通过正念训练，可以有效地提升前额叶功能，进而提升专注力。在全世界各个国家都有关于青少年专注力的课程，而正念训练是这些课程体系中最重要的环节。

那么，正念训练究竟要如何进行呢？

网络上有很多关于正念训练的方法和技巧，作为普通人，我们其实只需要从呼吸或身体扫描就可以开始正确的正念训练了。

首先，你得学会正确地呼吸。很多人感觉到紧张的时候，呼吸会变得短促、快速。事实上，不管紧张与否，我们多数人呼吸的方式并不正确。不正确的呼吸会消耗你的氧气，这些氧气本来是用来净化你的身体，并帮助你产生能量的。

实际上，学会正确地呼吸并不困难，你只需要把手放到你的腹部，然后开始慢慢地深呼吸。如果你的呼吸是正确的，你就会感觉到胸腔扩张之前，你的腹部也在扩张。深呼吸的美妙之处在于，当你想要生气和大喊大叫的时候，用深呼吸可以很快地缓解情绪，让自己平静下来。当你可以熟练地深呼吸后，把深呼吸和正念训练结合起来，就可以达到更好的效果。

具体做法是：找一个安静且不被打扰的地方，用你最舒服的姿势坐着或者躺着（建议最好还是坐着），让自己的整个身体处于放松的状态，闭上眼睛，放空大脑，什么都不用想，慢慢地吸气，慢慢地呼气，用心去感受你的呼吸，感受空气从口鼻进入你的胸腔和腹部。与此同时，你可以数呼吸的次数（一呼一吸算一次），从一数到十……。相信在这个过程中，你的脑海中会飘出一系列的念头，各种想法一个又一个地飘过，你可能感到很难受，或者感觉到很傻，这都是正常现象，甚至是好的现象。就像肌肉一样，你的大脑正在进行相应的锻炼。如果你发现，因为各种念头导致你忘记数到多少的时候，你可以重新开始，不必在意自己又走神了。

正念训练的核心就在于，把偏离的意念拉回到当下的目标。每天只要坚持五分钟，一段时间后，你就会明显感到自己身体和心灵发生了改变。如果你午饭后比较疲惫，或者有午睡的习惯，你可以试下正念训练。

一般来说，在经过 5 至 10 分钟的正念练习后，你的大脑会感觉到异常清醒，困意全无。原因就在于，正念训练就像是给大脑进行了一次格式化操作。大脑像电脑一样，用久了就会变慢，这个时候，我们就该清理下内存，清理掉一些垃圾，让电脑重回轻盈的状态。

正念训练对于人来说，做的就是这个事情。人就像一部大型计算机，大脑是我们的CPU，有时候忙碌了太久，我们就需要给自己“清清内存”。所以说，每天花个五分钟进行正念训练，就是一个简单有效的大脑恢复术。

用身体扫描的方式对初学者来说也是不错的选择。跟正念呼吸不同的是，身体扫描觉知的是身体各个部位，而正念呼吸训练觉知的是呼吸。具体做法是：首先找一个安静且不被打扰的地方，全身放松，你想象自己的觉知就像是一道柔和的光束，从头顶开始，慢慢向下移动，到额头、眉毛、眼睛、太阳穴、耳朵、面颊、鼻子、嘴巴、下巴，直到脚。当然，在这个过程当中，你也一定会走神，不用去在意它，只要把意念拉回到身体扫描就行，用觉知的光扫描身体的各个部位。

正念训练与其他的习惯相类似，需要长期的坚持，你可以自行准备一个日历记录表，贴在你家里最显眼的位置，或者你每天绝对可以看到的位置。训练之后，在相应的日期上打钩。千万不要小看这个步骤，这是帮助你坚持训练，并养成习惯的绝佳方案。

事实上，大量的父母“知道”而“做不到”的原因，就是因为不知道“做到”有科学的方法。这些方法不仅可以应用于教育孩子，也可以应用到你的工作和生活当中。当然，如果你可以让孩子参与到正念训练和习惯养成法中，那么你的教育效果将呈现指数级增长。

户外运动

许多父母跟孩子之间，似乎都在经历一场“持久战”。既然是“战争”，必然需要父母具备强健的体魄。这个比喻虽然不恰当，但户外运动带来的好处是巨大的。大量科学研究表明，运动对人的身体和心理有着绝佳的改善作用。人在运动后，大脑会分泌内啡肽，俗称“快乐激素”。如果你心情不好，去院子里跑个五六圈，心情可能会立马变好。对父母而言，户外运动最直接的好处是降低压力、缓解焦虑、抵抗抑郁，让父母心态更平和。在教育孩子过程中，更容易调用理性脑，而避免陷入被“大象”带偏的情绪冲动。

对年轻的父母来说，运动能延缓衰老，运动会加快人体的新陈代谢，增强人体的血液循环和心肌力量，从而延缓人的衰老速度。运动还可以提高免疫力，经常运动的人免疫细胞会增多，抵抗力也会增强，会大大减少疾病的发生。当然，运动也可以燃烧脂肪，实现减肥的效果。

大家都知道，运动可以强健体魄，可以解压，可以调整心态，让人愉悦，却不知道我们感觉欣快的真正原因是：运动让大脑处于最佳状态，让大脑成长，并进入平衡状态，诱发了神经链的新生。科学家发现，运动产生大量神经元，而长期的运动有助于这些新生神经元存活。也就是说，运动为大脑提供了学习所需要的大脑原料。

2007 年，德国研究人员发现，人们在运动后学习词汇的速度比运动前提高了 20%。美国一所高中，每天上课前要先进行一堂

"学习准备型体育课"。这堂课上，老师要求学生用最快的速度跑完 1600 米，老师给学生打分的依据是努力程度，而不是技能，他们认为尽全力跑比跑得快更重要。这堂课让学生的学习能力有了巨大的提升，上半学期结束时，学生们的阅读理解能力就提高了 17%，平均成绩也远远超过了全国的平均水平。在全世界优秀学生的一项考察数学和科学的考试中，这所学校的学生取得了科学第一、数学第六的成绩。要知道，在往常的全球统考中，是由中国香港、中国台湾地区，以及日本、新加坡的学生包揽前几名。

除了变得聪明、成绩更好之外，学生们还能在体育课上收获每个家长都希望孩子具备的团队协作能力、解决问题的能力、抗风险的能力。因此，各位家长不仅可以通过运动来"调心"，增强体魄，还可以引导孩子积极参加户外运动，这对他们的学习、成长有着巨大的帮助。比如，青春期叛逆的孩子，有一个很大的问题就是精力无处安放。如果你能让孩子去跑、去跳、去打球……这必然耗费孩子大量的精力，让他没有多余的精力跟你来"抗衡"。

关照自己

现实生活的压力，加上孩子的成长问题，让许多父母苦不堪言。如果父母的心情不能得以放松，就很难理性地面对孩子的教育问题。通过正念训练和户外运动可以有效减轻压力、缓解焦虑。除此之外，父母们还可以额外地关照好自己，多跟朋友们吃吃饭、聊聊天，去看看喜剧电影，出去度个假……真正让自己放松下来。在条件允许的情况下，带着你的爱人去享受二人世界，抛开一切烦恼，去旅游、去喝咖啡、去逛街，真正回味下恋爱时浪漫的感觉。研究发现，在良好夫妻关系下成长的孩子更自信，对生活更积极，未来的婚姻生活会更幸福。

育儿专家和心理学家有一个共识：夫妻关系要远远大于亲子关系。夫妻关系的好坏，直接影响整个家庭的环境。夫妻的相处方式、沟通方式很容易让孩子从中学习。试想，如果夫妻之间是彼此尊重的，是相互理解的，遇到问题时，是会进行民主探讨研究的，孩子经过耳濡目染，自然而然会从这里面学到与人相处和做人的方式。相反，如果夫妻之间没有相互理解、相互尊重，有的只是控制或互相指责，孩子也很容易潜移默化地感知到。

除此之外，良好的夫妻关系可以构建起一个相对安全、相对和谐的家庭环境。而这种家庭环境，可以给孩子带来更多安全感。

只要孩子能感知到爱，他的内心是安全的，他的心智是健全的，那他的错误行为自然而然就会慢慢减少。所以，在解决孩子问题的时候，父母首先要反思并改进自己的夫妻关系。很多表面上看过去是孩子叛逆的问题，但实际上是夫妻之间的关系问题。

有一对夫妻，他们有三个孩子，大女儿、二儿子还有三女儿。他们找到心理咨询师，寻求帮助解决大女儿的问题。他们说，大女儿之前学习一直很好，但是上了高中之后，成绩越来越差，现在根本就不想去上学，想去闯荡江湖，为此，他们想过很多的办法，可是，大女儿总是稍微好一点就又变差了。（问题重复出现，就说明你找到的原因并不是根本原因。）

心理咨询师对他们的家庭结构进行了分析，最终发现：这对夫妻的关系特别紧张，经常吵架，并且当着孩子的面吵，已经开始探讨离婚的问题。当他们吵架的时候，二儿子就会做一件事情，就是把小女儿弄哭。只要让妹妹弄哭，爸妈就不吵架了，他们就变得很团结，一起去处理妹妹的问题。对这对夫妻来说，他们在潜意识地逃避夫妻矛盾。

对二儿子呢？虽然挨一顿骂，可是至少父母不吵架了，他是希望父母和好的呀！他就不焦虑了。但是，小女儿就感到特别倒霉，她恨这个哥哥，总是一次又一次地被他欺负。这种情况从大女儿在学校出了一个很大的事情之后就发生了改变。自从出事后，夫妻不再吵架，变得很团结，都在处理大女儿的这个事情。二儿子发现，大姐出事要比弄哭妹妹的效果好太多了。

对小女儿来说呢？她也发现只要大姐出事，她就不用被欺负了。那么大姐是怎么想的？大姐在想，我原来这么厉害啊，只要出点事，全家的注意力都在我身上，我是家里的核心呀！而且，我一出事，父母都和谐了。

对这个家庭来说，大家在潜意识层面，包括大女儿自己也认为出点事好。最后，咨询师从处理大女儿的问题，转向处理他们夫妻之间的问题。夫妻关系，才是问题的根源所在。

所以说，千万不要因为孩子的问题影响到夫妻关系，更不要跟孩子结成同盟去对抗另一方。一定要注意，夫妻关系远远大于亲子关系。

当然，单亲的父母也不必烦恼。没有任何证据显示，单亲家庭的孩子长大后一定不幸福。

正如“孩子是一个精神胚胎”所述：客观世界是客观世界，孩子只是按照内在秩序和内在思维模型去解读这个世界；也正如选择理论说的：人们对同一个事实的评判不同，是因为虽然我们都生活在同一个现实世界里，但对于现实世界中的各种行为和现象，每个人都有一套非常主观的评判标准，根据这些评判标准，每个人都对我们生活的世界有一系列非常个人化的美好幻想。在选择理论中，这些评判标准和美好幻想称为优质世界，在每个人的优质世界中，都有他们最想亲近的人、最想拥有的事物和一直坚信的信念。

因此，不论环境如何，你一样可以给孩子无条件的爱，一样可以给孩子恰当的教育，当然，一样可以通过各种办法放松自己。在身心放松的情况下，帮助孩子构建正确的优质世界。要知道，父母养育孩子的过程，就是孩子养成自己优质世界的过程，这是我们一生中难得可以塑造别人的优质世界的机会。

沐浴在感恩中

我在长期跟家长接触的过程中发现，让家长想象那些让他们感恩的事情时，很容易平静下来。家长只需要轻轻闭上眼睛，让生活中的“好事好物”像放电影一样在自己的脑海中闪现，比如对家人、朋友、同事或一切生活中有意义的事情进行感恩。当你发现叛逆孩子表现欠佳时，用这种方法让自己平静下来，把心思集中在那些值得感恩的东西上面。

人类最大的痛苦来自我们总是想要不曾拥有的，而不是珍惜我们已经拥有的。对于一个问题孩子的父母或监护人来说，已经被打击得心力交瘁了，让自己保持一种感恩的态度，就能让你处于幸福的状态中。用积极的心态来思考你的生活，也会把你引向这样的态度。从关注缺点到关注优点，把你的注意力放在寻找你麻烦重重的孩子的优点上。当孩子表现不那么可爱时，“感恩”会帮助你仍旧把爱给予孩子。进入感恩状态有助于减少你的焦虑感，让你保持一个健康而灵活的视角去看待孩子。

可以每天花一点时间进行感恩写作与感恩阅读，也可以回忆以往一些有关孩子的幸福时刻，比如孩子刚出生的时候、牙牙学语的时候，也可以是一次家庭聚餐、度假或其他欢喜的事情。当然，也可以是近期发生的快乐的事情，试着充分感受这种正能量，感受这种气氛和味道。调动你所有的器官来体会当时你对孩子的感觉，把这种感觉写下来，认真地阅读。如果你做到每天写一点关于孩子最近身上的优点，你的心就会越来越平静，也会感恩目前所拥有的一切。

记录情绪

认真回想一下，我们会在什么情况下跟孩子发火，具体的场景是什么？当时我们的感受是什么？我们这些感受是合理的吗？把这些情况记录下来。通过记录，你能找到很多触发情绪爆发的“扳机”。知道了这些“扳机”后，就很容易及时调整自己的情绪。还有一个方法，在你生气的时候，你可以在想象中把你理性的那个自我抽离出来，让它变成一只苍蝇，趴在你家的墙上看，看目前正在发生什么。科学研究证明，当你意识到你自己情绪失控的时候，你也就控制了你的情绪。

渐进式放松

渐进式放松和正念冥想一样，是治疗焦虑、放松心情极好的工具。事实上，这两种工具也是临床心理学采用的手段。它可以让你的心更加平静，情绪更加平稳，可以帮助你更好地面对孩子的问题。具体做法很简单，在你的床上舒适地躺下，然后绷紧全身的肌肉，坚持十秒，然后慢慢地放松。你需要感受整个放松的过程，如此反复做十组即可。

如何养成好的教育习惯
（如何帮助孩子养成良好的生活、学习习惯）

关于改变，我们成功的经验可能很少，但是关于失败的案例，我们的经验相对丰富。大家可能都有这种感觉，当我们想改变一些常见的生活习惯或者行为方式时，道理和方法都懂，但就是做不到。

比如减肥，谁都知道要少吃多运动，要管住嘴、迈开腿，但是真有爱吃的美食时，大多数人都会忍不住来这么一顿，一定要吃饱了再去减肥。真到要出去跑步的时候，身体里那只“懒虫”就动起来了，会明日复明日地拖。比如学习，谁都知道每天坚持读书，坚持记笔记，对自己的学习积累有好处，但其他的事情好像总是比看书重要得多，各种各样的事情都在抢夺注意力，所以能坚持下来的并没有多少。

再比如，我们的家长也都知道教育孩子要平等，要尊重，要控制自己的情绪，不能大吼大叫，问题是当孩子行为不当时，有些家长就是管不住自己，忍不住采取了错误的教育方式。

对孩子来说也一样，孩子也知道打游戏上瘾是不对的，也知道打游戏得限制时间，实际上他也很自责，他也知道学习才是更重要的事。但是，说归说，就是控制不了自己。我们总是以为自己很理智，但是绝大多数情况下，感性那头大象的力量要大得多。当代表感性的大象和代表理性的骑象人对抗的时候，大象赢的例子简直是数不胜数。像睡过头、吃太多、戒烟失败、偷懒不去健身房、拖拖拉拉不完成工作、生气时说出过分的话等，这样的情况实在是太多了。

有的人说，想要改变或者想要坚持做一件事情需要靠强大的意志力，这句话对，也不对。之所以对是因为，如果你真的有强大的意志力是可以坚持下去的，可问题是，绝大多数人只是普通人，并没有钢铁般的意志。更为关键的是，科学实验已经证实"意志力就像是肌肉，使用时会消耗能量，用多了会疲劳"。你可能会觉得奇怪：意志力这种精神层面的东西应该没有数量的概念，怎么意志力还能消耗呢？但是，确实是有科学的实验结果作为依据的。

实验人员让一群学生全部饿着肚子来到实验室，把他们随机地分成三组，然后让大家做几何题，但这些题其实都是无解的，实验测量的是他们愿意在题目上坚持多长时间才放弃。对照组的学生直接做题，他们平均每人坚持了 20 分钟。而两个实验组学生在做题之前被带到另一个房间，面对刚烤好的巧克力饼干以及一些冰冷的胡萝卜，实验人员告诉其中一组学生可以随便吃饼干，而另外一组学生只能吃萝卜。

你可以想象自己在饥饿状态时看着热气腾腾的饼干而不能吃是一种什么感觉，你需要强大的意志力才能只吃萝卜！

之后，两组学生都被带去做题，结果可以随便吃饼干的第一组跟对照组一样，坚持了 20 分钟。而只能吃萝卜的第二组只坚持了 8 分钟。通过这个实验可以验证假设，第二组的意志力在抵制饼干的时候被消耗掉了。也就是说，意志力是一种有限的资源。

在心理咨询案例中，经常会遇到这样的夫妻，他们工作都特别忙碌，下班回家的时间都很晚。回家后，两人经常为了一点鸡毛蒜皮的小事吵架。最后，咨询师给他们的意见是：让他们早点下班。大家很不理解，见面就吵，不是应该尽量减少在一起的时间吗？怎么还要早回家呢？其实道理很简单，越是工作忙碌的夫妻，越容易为一点小事吵架，因为他们的意志力在工作中都被消耗光了，回家后就不会再去控制自己的情绪了。

综上所述，父母想要通过强大的意志力克制自己的情绪几乎是不可能的事情。那么，想要彻底改变自己的教养方式，或者帮助孩子养成良好的生活和学习方式，要靠什么？答案就是“习惯养成工具”。

当家长把全新的教育方法和技巧养成习惯后，你会发现跟孩子相处原来这么轻松。当孩子有不当行为的时候，你甚至都没来得及调动情绪就已经采取正确的行动了。当孩子有良好表现的时候，你很容易就采取了正确的鼓励方式。这是因为，当我们的生活、教育、学习、工作等方面养成习惯后，跟这些习惯相关的大脑神经连接部位已经完全取代原先的“老路”。简单来说，就是你心中那个负责情绪的“大象”已经升级了，你根本就不需要用意志力去跟“大象”对抗，一切都是自发的过程。

当然，习惯有很多种，有身体、行为、思维等方面，养成的时间肯定有长有短，但是总体的思路和步骤不会变，家长们只需要根据思路和实际现实场景进行灵活应用就好。

从微小的行动开始

有一个人，从2012年开始，坚持每天至少做一个俯卧撑。两年后，他拥有了梦想的体型。他写的文章是过去的4倍，读的书是过去的10倍。他有一篇文章《挑战一个俯卧撑》，人气特别高，直到现在还一直有人在讲述这篇文章是如何激励自己坚持锻炼的。这个人是《微习惯》的作者斯蒂芬·盖斯，正是这本书，让无数的人养成一个又一个的好习惯。而从微小的行动开始，正是这本书的精髓。那么，为什么从微小的行动开始会这么重要呢？

首先，我们先看看在养成习惯的过程中，究竟是什么在阻碍着我们？第一个阻力，便是无法开始行动，比如你想有个更好的运动习惯，可是你早就习惯了下班回家就躺在沙发上玩手机，此时突然让你从舒服的沙发上爬起来去楼下挥汗如雨，想想都会觉得头疼。可能你会想，“算了，今天工作挺累的，明天再锻炼吧”，明日复明日，结果一天也没锻炼过。

有时候，我们终于鼓足勇气开始行动了，却很难把这件事情坚持下去，这就是第二个阻力。比如你好不容易说服自己去跑步，结果刚跑了10分钟就气喘吁吁，似乎身体的每一个细胞都在喊着“我要休息，我要休息”，而下次你再跑的时候，就会想起上一次就跑了一会儿，坚持跑实在太难了，更没有动力去跑了。

你看，这样一来，新习惯就很难养成了。

实际上，《微习惯》的作者在刚开始的时候跟所有人一样，很难坚持下去。有一天，他突发奇想，觉得既然坚持不了30分钟的锻炼，干脆就做一个俯卧撑好了。你可能会觉得，做一个俯卧撑有什么用啊？运动至少得持续30分钟以上才行，不是吗？

然而，在他真的趴在地上做了一个俯卧撑后，人生从此走向了光明。因为一个俯卧撑实在是太简单了，所以他摆好姿势，在做了一个俯卧撑之后想："既然已经做了，那我索性多做几个吧！"多做了几个之后，他又想："干脆再做个引体向上！"做完以后觉得还有点力量，还可以再做几个。

结果，原本只计划做一个俯卧撑，最后发现竟然做了将近30分钟的运动。这件事情对他触动很大，那一整年，他都要求自己每天坚持做一个俯卧撑。当然，他一般都会多做几个。有时候睡觉前突然想起今天没有做，他就翻过身子，直接在床上完成这个目标。因为他觉得，不就一个俯卧撑嘛，我可以很轻松地完成，多完成几个都没问题。

他注意到两个事情：第一，虽然每天只做几个俯卧撑，但是这种行为在生理和心理上都影响了自己；第二，当锻炼成为惯性的时候，每天坚持下去就变得非常容易。后来，他按照这个思路养成了阅读、写作等一系列好习惯。

每天做一些看似微不足道的积极行为，累积下来就会产生惊人的威力。这种微小的行动，因为目标足够小，小得不可思议，因此人们压根就不害怕开始行动。不就是一个俯卧撑嘛，不就是跑个50米嘛，不就是每天感恩孩子一点嘛，不就是做1分钟的正念训练嘛，这些目标对你而言简直太容易了。可是，当你一旦实现了这些小目标，你就很想扩大战果，毕竟你的能力是绰绰有余的。而一旦你多做一点，就会觉得非常开心，最后往往超越了自己的预期目标。这种方式，可以有效地避开培养习惯的阻力。因为目标很小，你压根不会感到害怕，压根就没有坚持不下去的压力。

你可能会觉得：这个方法是可以展开行动，也很容易坚持下去，但这种行动的效果也太差了吧？就一个俯卧撑、50 米，这能有什么用？

有这个疑问，那是因为你不了解大脑的运作规律。要知道，大脑往往是拒绝改变的。我们心里的那头“大象”是很懒的，它更喜欢原先的模式。但是，微小的行动是一个小到不可思议的目标，可以让大脑低成本启动，“大象”都还没来得及对这个行为产生抗拒，行为就已经开始了。而一旦开始，你的身体和心理就会逐步进入状态，你就会在惯性的作用下超额完成。因为，我们本来就想积极地采取这些行动。

在这种方式下，我们每天会因为自己的小成就而不断地增加惯性，我们不会因为自己没有完成目标而感到挫败。相反，会因为微习惯自带的奖励机制不断地坚持下去，最终用微小的习惯养成心中的那个大习惯。

关于微小的行动有一个非常重要的关键点，怎样才算是微小？比如，即使你觉得自己可以轻松完成 20 个俯卧撑，但我的建议是 1 个俯卧撑；即使你觉得自己可以轻松跑完 3 千米，但我的建议是 100 米，甚至更短。之所以这么设置，是因为只有行动小到不可思议，才会让大脑认为它毫无危险，才能真正绕开“大象”的阻力。

大多数人之所以失败，是因为他们设置的目标通常是自己的平均水平。要知道，在生活中，我们并不是每一天都很有精力，都很有状态，一旦遇到极端情况而无法完成目标时，我们很容易放弃，并且会感受到挫败感。那么，习惯很有可能就此停止。

如果微小的行动足够小，即使遇到极端情况，你也可以相当轻松地完成，这样习惯才有可能延续下去。养成习惯，最重要的是不断地延续，只有不断地延续，才能使新的大脑神经通道更加强壮，最终取代旧的神经通道。

微小的行动，除了帮助家长平复自己的情绪外，也可以广泛应用在和孩子相处的过程中。例如，家长可以每天去寻找并表扬孩子身上的优点：按时起床、按时睡觉、收拾房间、控制游戏时间、帮助家长……只要你用心去观察，就一定可以找到很多的优点。随着这种微小的表扬，你的关注点会逐步地往正面的方向去发展，你跟孩子相处得会越来越融洽。

很多时候，一说起孩子，父母总是心烦意乱，总觉得孩子一无是处，身上都是毛病和问题。但是，只要你进行各种微小的正面行动后，你会发现孩子其实比你想象中更懂事、更聪明。再比如，你也知道运动可以帮助我们调节情绪，让身体更健康，那帮孩子养成这种习惯难道不是一件很好的事情吗？要知道，人类大脑的行为总是符合一定的规律。因此，无论成人还是孩子，当开启微小的运动后，在大脑惯性的影响下，就一定会引发更多的行为，最终帮助孩子养成各种好习惯。从一天一个俯卧撑养成运动的习惯，从一天一个字养成练字的习惯，从一天读一段话养成阅读的习惯，从一天扔一袋垃圾养成清理家务的习惯……只要你愿意，从微小的行动开始，就一定可以让自己和孩子变得不一样。

及时奖励

为什么游戏会这么容易让人上瘾，让孩子们深陷其中，完全不能自拔？有的孩子在网吧玩游戏，可以一天不吃饭、三天不睡觉、一个月不出网吧。这对孩子的身心健康有着巨大的伤害，也让很多父母深感无奈。

当然，除了游戏本身的画面和情节代入感强，游戏上瘾一个很重要的原因是游戏的反馈机制（奖励机制）实在是太多太频繁了。在现实生活里，这种刺激带来的兴奋感是很难用语言形容的。当然，这也正是很多孩子形成网瘾的根本原因。

及时的奖励会让人上瘾，在孩子养成习惯的过程中，及时奖励将会帮助我们更愿意去完成任务，甚至让任务变得不可抗拒。

当你每天表扬孩子一句话后，你就奖励自己做一件你最爱做的事情；当你跑完 100 米后，你就奖励自己泡一壶茶；当你看完一页书后，就奖励自己吃个冰激凌……奖励的内容，可以根据父母的个人爱好来决定。如果你的奖励不可抗拒，那么，你的微小行动将更容易进行下去，因为心里会有一个声音：只要完成微小的行动就会有奖励。

有的父母会觉得，自己已经不是幼儿园的小朋友，这种奖励会不会太幼稚啦！自己是成年人，怎么可能会被这种小孩子的游戏所影响呢？父母之所以这么问，是因为不知道人类大脑的工作原理。只要有好处，大脑就会直接采取行动，根本就不需要经过理性的思考。绝大多数情况下，我们的行为是受到“大象”影响的。而对“大象”来说，有没有现实的好处，就显得非常有意义了。更何况，没有人会拒绝奖励。

不知道你有没有发现，保险公司的业务员基本都工作得十分卖力。其实，保险公司内部有各种各样的奖励。直到现在我都记得，有一次学生大会，系里面发给我一个乐于助人奖，虽然我知道这个奖不是什么值钱的东西，但是，我不会把这个奖随便丢掉。这毕竟是我的奖，我内心是开心的。人们对奖励是无法抗拒的，把及时奖励当成习惯养成过程中的一部分，将会让我们更愿意去完成微小行动。

实际上，我们在教育孩子的过程中，应当随时应用及时奖励原则。要知道，当孩子犯错的时候，是帮助孩子学习的最好时机；当孩子做对的时候，是帮助孩子强化行为、塑造良好价值观的最佳时机。

孩子的某一个行为，如果得到了及时的奖励，那这个行为就会给孩子的大脑带来正面强化，会让孩子更愿意做相关的事情。比如，如果你奖励或者表扬了孩子主动倒垃圾的行为，你信不信，孩子以后会更愿意倒垃圾，至少不会抵触倒垃圾。然而，在实际生活中，绝大多数父母非常吝啬于表扬或奖励孩子。当孩子有正确的行为时，他们觉得是孩子应该做的，表扬或者奖励会让孩子骄傲。

我们认真去想，人一生当中，有多大的概率会因为奖励太多而失败的？我们看到，往往是那些经常受到惩罚、感受不到爱的人走向了失败。所以，家长们要学会经常给自己或孩子一朵“小红花”。

及时记录

及时记录，是帮助我们顺利养成习惯的一个非常重要的工具。

什么叫及时记录？现在准备一个日历或者一张表格，把它挂在家里或者办公室里最显眼的位置。这个位置，可以保证让你每天都看得到。当我们完成每天的微小行动后，就在这个日历上画一个“√”，你的目标就是让这些“√”延续下去。及时记录工具最大的好处在于，它可以随时提醒我们，让我们知道今天的任务还没有完成，我们还有事情没做，可以帮助我们将微小行动延续下去，最终养成习惯。

有的家长说，就这么点事还需要记录？这不是很容易就可以完成的吗？如果你读过《清单革命》这本书，你就会知道，大脑的能量和记忆仓库是有限的，借用清单或者记录可以帮助我们释放大脑空间和能量，让我们的大脑有更多的能量去处理其他事情。很多人有很好的工作习惯，每天开始上班后，都要把今天要做的事情列成清单，然后一个个去完成。在出差前，都会把需要整理的东西提前列出清单，然后一个个去整理，并在完成后打钩，这些正是应用了及时记录的方法。

为什么会有秘书这个岗位，正是因为秘书可以把领导大脑中的事项拆分出来，进行单独储藏和管理，以便各项烦琐的事情得以落实。在生活和工作中，如果你是一个高效的人，那么你一定善于记录，善于提前规整。因此，把这种高效的工具应用到习惯养成上，是非常必要的。

人类的大脑喜欢完整的事物，当你看到记录表还没有完成时，自然就会想把它完成，这会帮助我们把行动延续下去。家长们不仅可以把及时记录的工具应用到养成习惯上，还可以应用到生活和工作中。更重要的是，如果你能教会孩子应用这套工具，你会发现孩子越来越自觉，越来越细心。你不必担心孩子会丢三落四，会没有责任感。事实上，很多父母反馈，当孩子学会及时记录后，感觉孩子越来越有条理，思路越来越清晰，这也正是及时记录的神奇魅力。

从微小的行动开始、及时奖励、及时记录正是习惯养成的三个步骤。这三个步骤，不仅能让家长实现自己行为习惯的转变，与此同时，也能让孩子养成各种各样的好习惯。为了更好地让家长掌握这套工具，借用《掌控习惯》书中所说的原则，你会意外地发现，真理总是惊人的相似，具体如下：

（1）让习惯显而易见

把记录表或日历放在你每天都可以看到的地方，就是让这件事情变得显而易见，你随时都可以看到它。

（2）让习惯难以抗拒

如果刷微信、刷抖音是你的爱好，你完全可以把这些爱好当成奖励，那么得到这些奖励的前提是，你得先完成约定好的行动，这就是让习惯难以抗拒。

（3）让习惯简单易行

简单易行的目的就是让我们不会受到阻力，能更容易、更轻松地开展行动，每天表扬孩子一句话对你来说实在是太简单了，也正是因为简单，你才更有可能坚持去做。

（4）让习惯令人愉悦

奖励会让家长们觉得愉悦，除此之外，行动的本身，或者超额完成也可以让我们感觉愉悦。当你跑完一段路程后，大脑会分泌很多快乐激素，让你感觉舒爽和快乐。而如果你可以超额完成，你会感觉到胜利和成就的喜悦。当孩子因为你的表扬感到高兴的时候，我想你自己也会觉得很快乐。

（5）让习惯固定

当我们走进图书馆的时候，我们会自然地安静下来；当我们走进游乐园的时候，我们会情不自禁地欢乐起来。只要我们到了一个环境场，我们总会做相应的事情。因此，为了帮助家长们养成习惯，建议大家把我们的习惯固定在某个时间、某个地点。比如，进入书房就意味着你要开始学习工作了，如果你想刷抖音，那么请离开书房，把书房打造成一个学习工作的“场”。再比如，当你吃完晚饭，就去穿运动鞋准备散步；当你躺到床上，就直接闭上眼睛睡觉，如果你想看手机，那么请下床去客厅。让习惯固定，就是为了打造我们自己的环境场。环境场可以激发我们的记忆，会调动和激发我们头脑中的“大象”。

掌控习惯的原则，不仅可以帮助我们养成好习惯，还可以帮助我们改掉坏习惯，其办法与养成好习惯相反：让坏习惯很难被看到，让坏习惯失去吸引力，让坏习惯很难施行，让坏习惯令人痛苦。

后　记

在从事家庭教育工作之前，我是做旅游工作的，在青少年冬、夏令营业务中，我接触了近千名 7 至 18 岁的孩子。他们之中，有很叛逆的，有沉迷网络的，有早恋的，有厌学的……这些孩子普遍自我意识强烈，集体意识淡薄，缺乏对别人的理解与尊重，自尊水平低，独立能力弱，缺乏责任心，不够自律等。这极大地激发了我的兴趣，结合自身成长经历，自大学开始，我就持续研究教育学、心理学、人类学、社会学、脑科学等，经过一段时间的沉淀和思考，我似乎领悟了一些关于青少年行为改变的底层规律，经过一段时间的实践，取得了不错的效果。

为什么会对家庭教育、青少年教育这个领域感兴趣呢？因为我自己曾经就是一个“问题孩子”，是个“叛逆少年”。我 9 岁的时候，随父亲工作的调动，从北方的一个小山村搬到了县城，父亲担心我没有玩伴，就向别人借了一台游戏机给我玩。因为游戏机，我跟一些爱玩的孩子混到了一起，二年级开始逃学，三年级给女同学写小纸条，四年级开始打架，五年级爱上了打台球。小升初的时候，全校就两个学生没考上初中，其中一个就是我。

我很清楚地记得，当时有人问我：“你爸妈整整 5 年都不管你吗？”

不是不管，而是我学会了替父母签字、改试卷的分数等“技能”。这5年，父母一直觉得我可能就是个中等水平，差不到哪里去，没想到我这么差劲。后来，我勉勉强强进了初中。到了初中，我发现原来跟我玩在一起的小学同学，全在一个班。初一下学期开始，我学会了打电脑游戏，学会了QQ聊天、约网友、上网冲浪，除了上网打游戏，我认识了很多社会青年，整天在学校“为非作歹”，成为学校的“大哥”，留长头发、说脏话、早恋等，尽量让自己的言行举止当中，透露出“坏人”的气质。

我记得临近中考的时候，班主任把包括我在内的六七个同学叫到办公室，告诉我们：“你们可以不用来上课了……”我就回家跟父母说，不想上学了，想去找工作，开出租车什么的。这时，我的父亲可能意识到了什么，开始研究怎么教育孩子。中考过后，他跟我商量，说我年龄还太小，现在不上学也只能从事苦力工作，给我提供了两个选择，一个是去上体校，学习摔跤，另一个是去复读。我当时很厌学，肯定选择体校。但是，当时的我又很瘦弱，考核没过关，体校也没上成，就只能去复读了。父亲了为鼓励我去复读，趁着暑假的时间，一边辅导功课，一边召集他的学生聚会。目的就是让我看看念成书的人是什么样的，念不成书的人又是什么样子的。最终，通过家人的鼓励，也通过自己的努力，我考上了高中。上了高中，我就慢慢开始懂事了，对学习有了一定的兴趣。但毕竟小学初中的功底薄弱，学习成绩始终处于下游水平。幸好，我的父亲依旧不停地鼓励我、辅导我，他从学习习惯、学习方法、思维方式等方面着手，帮助我提高学习思维，用各种各样的鼓励措施，帮助我提升学习兴趣。我的学习成绩一步步提升，最终，我考上了大学！

听完了我的故事，你觉得你孩子的情况会比当时的我更糟吗？什么早恋、厌学、网瘾、打架等，不该有的，我都有了；什么大小型游戏、电脑游戏、台球、溜冰等，能玩的，我几乎全玩了。能有今天，我最应该感谢的是我的父母，他们从没有放弃我。他们一直都在想方设法地鼓励我，引导我走向积极的方向。他们教会我很多做人的准则，让我懂得要与人为善，不要总想着自己，要多替别人着想，为人要大方，要乐于分享。

回过头来想想，我那疯狂离奇的成长经历，也更加坚定我加入家庭教育行列的信念。因为我曾经是“问题孩子”，所以我更了解这些“问题孩子”。我理解他们，我知道他们在想什么；我正是从那些坑中走出来的，我知道怎么去帮助他们。

在长期学习、研究和实践中，我和我的团队，先后接受了十万余名家长的线上线下咨询，很多认真学习和改变的父母，都恢复了和孩子的良性互动。孩子们也从厌学休学、“躺平”摆烂等困境中走了出来。生活当中，确实有很多育儿指南、教育方法等，但要么属于预防方面，要么属于理论方面，很少有专门针对已经出现问题的孩子的处理办法。有的人会说，这是孩子的青春期，度过了就好了。可是，万一没度过去，你能接受后果吗？显然是不能的。我想说，孩子的事情，是不能有万一的。我所做的，不仅会教父母们解决孩子问题的办法，而且会帮助父母去具体实践。正如一句话所说：知道了，很重要，更重要的是怎么做到！

总之一句话，没有改变不了的孩子，只有不想改变的父母。这就是我写这本《智慧养育：做更好的父母》的初衷。

吕鹏辉

2023 年 7 月于福州